거품경제라도 괜찮아

거품경제라도 괜찮아
헬리콥터 머니와 기본소득

원제 『ヘリコプターマネー (헬리콥터 머니)』

2019년 6월 15일 초판 1쇄 찍음
2019년 6월 27일 초판 1쇄 펴냄

지은이 이노우에 도모히로
옮긴이 강남훈, 송주명, 안현효

편집 권현준
디자인 프라이빗엘리펀트
본문조판 민들레
펴낸곳 다돌책방
등록일 2017년 11월 2일
등록번호 제25100-2016-000062호
전화 0505-300-1945
팩스 0505-320-1945
주소 서울특별시 마포구 백범로 10, 2층
전자우편 ddadol@gmail.com

ISBN 979-11-962551-9-0 93320

© Tomohiro Inoue, 2016

책값은 뒷표지에 있습니다.
사전 동의 없는 무단 전재 및 복제를 금합니다.

이 책은 2017년 대한민국 교육부와 한국연구재단의 지원을 받아 수행된
연구(NRF-2017S1A3A2066659)를 바탕으로 출간되었습니다.

거품경제라도 괜찮아

헬리콥터 머니와 기본소득

이노우에 도모히로 井上智洋 지음

강남훈 송주명 안현효 옮김

다돌책방

HELICOPTER MONEY
Copyright ⓒ Tomohiro Inoue, 2016
All rights reserved.

No part of this book may be used or reproduced in any manner whatsoever
without written permission except in the case of brief quotations embodied
in critical articles and reviews.

Originally published in Japan by Nikkei Publishing, Inc.
Korean Translation Copyright ⓒ 2019 by DADOL BOOKS
Korean edition is published by arrangement with Nikkei Publshing, Inc.
through BC Agency.

이 책의 한국어판 저작권은 BC에이전시를 통해 저작권자와 독점계약을 맺은
다돌책방에 있습니다. 저작권법에 의해 한국 내에서 보호를 받는 저작물이므로
무단전재와 복제를 금합니다.

한국어판 머리말

헬리콥터 머니는 정부나 중앙은행이 찍어낸 화폐를 국민에게 직접 지급하는 정책이다. 혹은 정부가 세금을 덜 걷고 그 대신 국채를 발행해 중앙은행이 사게 한다. 그 돈을 정부 재원으로 사용해도 사실상 헬리콥터 머니라고 할 수 있다.

일본에서 이 책이 출판된 것은 2016년 겨울이다. 나는 책에 헬리콥터 머니가 궁극적인 경기부양책이며, 디플레이션에서 벗어나기 위한 최종병기라고 썼다. 일본은 1990년대에 디플레이션 불황에 빠졌는데, 2019년인 지금까지도 완전히 벗어나지 못했다. 일본의 중앙은행은 인플레이션율을 2%로 맞추려고 하지만 2019년 4월 기준으로 0.9% 정도다.

인플레이션율이 원하는 만큼 올라가지 않는 것은, 헬리콥터 머니 정책이 충분하지 않기 때문이다. 심지어

2019년 10월에는 소비세를 8%에서 10%로 올린다고 한다. 이렇게 세금을 더 걷으면 시중에 돌아다니는 돈을 더 빨아들일 것이다. 헬리콥터를 타고 하늘로 올라가 돈을 뿌려도 시원치 않을 판에, 헬리콥터에 초강력 진공청소기를 달아 돈을 빨아들이는 셈이다. 소비세가 올라가면 소비수요는 더욱 침체될 것이고, 일본 경제는 디플레이션 탈출에서 더 멀어질 것이다.

일본 정부는 왜 경기가 후퇴할 위험이 있는데 세금을 더 걷는 것일까? 정부가 지고 있는 빚이 약 1,100조 엔(약 11조 달러)이라, 정부재정 건정성을 확보하기 위해서라고 한다. 그런데 정말 일본 정부는 재정 파탄일까?

이 책에서 나는 일본 중앙은행이 일본 정부의 국채를 매입하는 방식으로 문제를 해결하면 된다고 주장했다. 정부도 중앙은행도 공적인 일을 하는 기관이다. 큰 틀에서 둘 다 정부 아닌가? 정부와 중앙은행을 합친 통합정부라는 개념에서 보면 재정 파탄 위기는 위기가 아니다. 일본 중앙은행이 가지고 있는 국채의 잔액은 약 500조 엔이라고 하는데, 그러면 1,100조 엔에서 500조 엔을 뺀 600조 엔만 통합정부의 부채다. 이 600조 엔을 더 줄일 수도 있다. 중앙은행이 국채를 더 매입하면 된다.

소비세 인상을 앞두고, 일본에서는 지금 현대화폐이론(modern monetary theory, MMT)에 관심이 쏠리고 있다. 현대화폐이론은 1990년대부터 사람들 사이에서 이야기된 비주류 경제이론이다. 현대화폐이론에서 정부의 빚 자체는 문제없는 것으로 여겨진다. 더 정확히 말하면 자국 통화로 국채를 발행하는 나라는, 과도한 인플레이션이 일어나지 않는다면 정부 채무를 얼마든지 확대할 수 있다고 본다. 나는 현대화폐이론에 전적으로 찬성하는 것은 아니다. 그러나 주요 주장은 맞다고 생각한다.

현대화폐이론에 더해 고용보장프로그램(job guarantee program, JGP)이 언급되기도 한다. 이는 정부가 일자리를 갖기 원하는 실업자를 고용하는 정책이다. 나는 고용보장프로그램보다는 기본소득을 지지하는 편이다. 기본소득은 정부가 모든 국민에게 생활에 최소한 필요한 돈을 직접 주는 정책이다. 이미 한국에서도 경기도 성남시에서 청년을 대상으로 부분적인 기본소득제도를 도입한 것으로 알고 있다. 한국은 그런 점에서 기본소득 선진국이라고 할 것이다. 나는 헬리콥터 머니를 바탕으로 하는 기본소득 도입을 주장한다.

일자리를 보장할 것이냐 소득을 보장할 것이냐는, 정책적으로 차이가 있을지 모른다. 그러나 기본적으로 현대화폐이론은 내 이론과 서로 보완적이다. 과도한 인플레이션이 일어난지 않는 한, 정부는 빚을 두려워 할 이유가 없다. 정말 걱정하고 두려워 할 것은, 정부가 빚지는 것에 겁을 내다 30~40년 가까이 디플레이션을 이어지게 만드는 것이다.

한국은 2019년 4월 기준으로 실업률이 4% 정도라고 들었다. 여기에 인플레이션율은 1.35%로 디플레이션이라고까지는 못하겠지만, 디스인플레이션 상태라고 볼 수 있을 것이다. 앞으로 한국에서 일본과 같은 장기 디플레이션 불황이 발생하지 않을 것이라 안심할 수 없다. 일본을 반면교사로 삼아 한국 정부는 빚을 두려워하지 말고 과감한 헬리콥터 머니 정책을 펴기 바란다.

2019년 6월

이노우에 도모히로

머리말

"교수님, 거품경제라도 일어나면 좋겠어요!
그렇지 않으면 저희는 대학 생활을 활기차게 할 수 없습니다!"

이런 엉뚱한 요구를 했던 제자가 있었다. 나는 한낱 대학교수일 뿐이며, 일본 경제를 움직일 힘이 없는데도 말이다. 그러나 이 학생의 요구는 엉뚱했지만, 사태의 중요한 본질을 드러내 보여준다. '디플레이션 불황은 사람들의 활력을 빼앗는다'는 것이다. 도전 정신을 시들게 하고, 마음을 음울하게 만들며, 때로는 자살로 내몬다.

나는 내가 맡은 '거시경제학' 등의 수업에서 "여러분은 디플레이션의 시대에 태어나 디플레이션 시대에 자랐다."라고 말하곤 한다. 현재 고등학교 3학년들의 대부분이 태어난 1998년에 일본 경제는 본격적인 디플레이션에 빠졌고, 지금까지도 완전히 벗어나지 못했다. 지금 고3인 사람들이 살아온 날들은 고스란히 잃어버린 20년에 들어간다.

디플레이션 토양에서 커왔고, 뼛속까지 디플레이션 마인드가 배어 있는 사람들이 도전 정신을 갖기는 어렵다. 중학생들에게 장래 희망 직업을 물으니, 공무원이 상위권에 있다고 한다. 공무원이라는 직업이 안정적이어서 이유로 선호하는 듯하다. 중학생이 꿈을 품지 않는 나라에 미래가 있을까? 내가 아는 아이 한 명은 앞으로 노숙자가 될까 불안하다고 늘 말한다. 아이들이 이런 걱정을 하는 나라를 도대체 누가 만들었을까?

도전하고 싶은 사람은 도전할 수 있고, 여유를 즐기고 싶은 사람은 여유를 즐길 수 있어야 이상적이지만, 지금의 일본은 반대다. 도전하고 싶은 사람이 도전할 수 없고, 여유를 즐기고 싶은 사람도 즐길 수 없다. 살아남으려면 회사의 노예처럼 일해야 하고, 탈락한 자는 니트(not in education, employment or training, NEET)로 불리면서 주눅 든 채 살아가야 한다. 디플레이션 불황은 일본을 살벌한 생존 게임 사회로 만들었다. 젊은 남자들이 초식화되는 이유의 절반가량은 장기 디플레이션 불황 때문일 것이다. 돈이 없으면 데이트 신청도 귀찮아지기 마련이니까 말이다.

디플레이션 불황의 이점을 굳이 꼽자면, 젊은이들이 예의 바르고 겸손해졌다는 점이다. 예의 바르고 겸손하지 않으면, 스스로 일자리를 얻지 못하고 세상을 살아나갈 수 없다는 점을 젊은이들은 본능적으로 알고 있다. 그러나 이런 예의 바름이 얼마나 가치가 있을까? 젊은이는 오히려 발칙하고 오만불손해야 하지 않을까? 나는 항상 '교수를 논리적으로 깨부수려는' 매우 건방진 학생과 만나기를 기대하지만, 아직 만나지 못했다. 일본은행 정책위원회의 심의위원을 맡고 있는 하라다 유타카(原田泰)는 이렇게 말한다.

> "나는 불손한 젊은이가 싫지 않다. 경기가 좋다면 젊은이들이 활기차고 불손해진다. 나는 이것이 오히려 좋은 일이라고 생각한다." [原田 2014]

나는 이 말에 완전히 동의한다. 경제를 살려내, 기

성세대 머리 꼭대기로 기어오르려는 젊은이들의 수를 더 늘려야 한다. 건방진 젊은이들이 늘어나는 만큼 혁신(innovation)이 활발해져 사회에는 활력이 넘치고, 문화는 더욱 세련되어질 것이다. 디스코 음악이 흐르는 무대 위에서, 보디콘 슈트(bodycon suit)[1]로 몸을 감싸고, 눈썹을 굵게 그린 여자들이 커다란 부채를 흔들면서 미친 듯 춤추던, 1980년대 후반 거품경제 시기의 문화가 바람직했는가에 대해서는 논란의 여지가 있다. 그러나 거품경제 시기에는 기업이 문화와 예술을 지원하는 '메세나(mécénat)'가 활발했었다. 그 이후에도 완만한 인플레이션과 호황을 계속 유지할 수 있었다면, 지금쯤 일본은 얼마나 성숙한 문화와 여유가 있는 사회가 되었을까? 생각할수록 안타깝다.

나는 대학생일 때 돈이 없었다. 어쩔 수 없이 아르바이트로 매일 시간을 보내야 했다. 공부하거나 책을 읽을 시간이 충분하지 않았는데, '있는 집 자식'이었던 친구 다카하시(高橋)는 나에게 "가난한 곳에 문화는 없다!"라고 말한 적이 있다. 나는 다카하시가 오만하고 무례한 부르주아 자식이라고 다소 불쾌하게 생각했지만,

그의 말을 정면으로 부정하지는 못했다. 고대 그리스 문명과 이탈리아 반도를 중심으로 했던 르네상스, 에도 시대의 겐로쿠(元祿) 문화,[2] 근대 유럽 문명 모두 풍요로운 화폐경제를 배경으로 생겨났다. 가난한 곳에서도 가난한 대로의 문화가 싹트지만, 호사스럽고 고귀하고 세련된 색채의 문화는 풍요롭지 못하면 태어나기 어렵다.

지금 일본은 어떨까? 안타깝게도 디플레이션 불황을 밑거름으로 하다 보니, 조잡하고 가난한 잡초 같은 문화, 아니면 상투적이고 새로운 맛이 전혀 없는 이미 우려먹은 차 같은 문화만 갖고 있다. 100년 후의 일본 사람들이 지금 우리 문화를 '고귀하고 숭고한 문화'라든지 '자랑스러워해야 할 위대한 문화'라고 평가하지 않을 것이다. 상상만으로도 쓴웃음이 나올 정도다. 마르크스는 "하부구조가 상부구조를 규정한다."라고 했는데, 이는 경제적 토대에 기대어 인간의 정신적 활동이 이루어진다는 뜻이다. 마르크스의 말처럼, 많은 사회적·문화적 문제는 결국 경제 문제로 돌아가 닿는다.

내가 주목하는 '경기'는 경제학자들이 '단기'라고 부르는 척도의 시간보다 길다. 단기는 4~5년을 주기로 숨가쁘게 일어나는 순환이다. 내가 주목하는 경기는 20~30년, 때에 따라서는 100년 정도의 시간처럼 문화와 문명의 특징을 결정짓기에 충분히 긴 기간 동안 나타나는 호황이나 불황이다. 이런 정도의 호황과 불황은 여러 요인이 복합적으로 얽혀서 나타난다. 그런데 내가 보기에 여러 요인 가운데 중요한 것은 한 가지다. 바로 '세상에 돌아다니는 돈의 양'이다.

돈의 양이 충분히 많으면 호황이 오고, 적으면 불황이 온다. 이런 내 의견에 많은 경제학자들이 반쯤은 부정적으로 반응할 것이다. 단기적으로는 가능성이 있지만, 장기적으로는 그렇지 않을 것이라며 반론을 펼칠 것이다. 그러나 나는 장기적으로도 돈의 양이 경기를 좌우하고, 문화와 문명의 질도 결정할 것이라 생각한다.

잃어버린 20년 동안, 돌아다니는 돈의 양은 매우 부족했다. 더 정확히 말하자면 돈이 늘어나는 비율이 너무 낮았다. 숫자로 보자면 거품경제가 무너지기 전에는 7~13%였는데, 붕괴 이후 지금까지도 2% 안팎이었다. 비록 안정적이기는 했지만 아주 낮은 상태다. 안정이라는 단어의 사전적인 뉘앙스는 긍정적이지만, 사실 거칠게 말하자면 '계속 땅바닥을 기어가는 모양새'다. 돈의 부족이 일본 경제를 오랫동안 곡소리가 날 정도로 괴롭힌 디플레이션 불황의 원인이다.

중앙은행(일본은행)의 노력으로 돈의 양이 늘어나지 않았느냐고 물을 수도 있다. 그러나 중앙은행이 공급하는 돈은 민간은행에 머물렀을 뿐, 충분한 양이 세상으로 나오지는 못했다. 세상에 나도는 돈을 '통화량(통화공급, money stock)'이라고 한다. 이 통화량이 계속 늘어나지 않는다면 경제가 충분히, 지속적으로 활성화될 수 없다. 그럼 어떻게 하면 좋을까?

여러 가지 방법이 있겠지만 가장 확실하게 통화량을 늘릴 수 있는 방법은, 이 책의 부제이기도 한 '헬리콥터 머니'다. 헬리콥터에 돈을 싣고 날아오른 다음 하늘에서 돈을 뿌리듯이, 일본은행 같은 중앙은행이 국민에게 돈을 뿌려주는 정책이다. 언뜻 보면 이상하고 의심스러울 수 있다. 그러나 노벨경제학상을 수상한 밀턴 프리드먼(Milton Friedman)의 사고실험에 바탕을 두고 있는 유서 깊은 정책이다.

물론 구로다 하루히코(黒田東彦) 일본은행 총재가

헬리콥터에 올라타서, 계속 그리고 부지런하게 돈을 뿌려주기를 기대하기는 어렵다. 그래서 현실적으로 (중앙은행이 아닌) 정부가 화폐를 직접 발행해 국민에게 나누어주는 방법을 생각해볼 수 있다. 아니면 정부가 발행한 국채를 중앙은행에 팔고, 중앙은행에서 받은 돈으로 정부가 재정을 지출하는 방법도 있다. 아예 세금을 덜 걷어 국민들의 손에 돈이 늘어나게 하는 방법을 생각해볼 수도 있다.

헬리콥터 머니는 이번 세기에 들어 갑작스레 주목받고 있다. 이는 2002년, 벤 버냉키(Ben Shalom Bernanke)가 "중앙은행이 정부의 국채를 구입하고, 세금을 낮춰주는 정책을 함께 시행하면 밀턴 프리드먼이 말했던 헬리콥터 머니와 같다."라고 말한 것과도 관계가 있다. 벤 버냉키는 미국 경제학자로 미국 연방준비제도(Fed, 미국의 중앙은행)의 의장이 되었다.

유명한 경제학자들이 이렇게 말하고는 있지만, 그렇다고 해도 중앙은행이 발행한 돈을 재원으로 해서 정부가 돈을 써도 괜찮을까? 일본에서는 많은 경제학자들이 헬리콥터 머니에 대해서 부정적이다. 고지마 씨는 내가 주로 가는 미용실에서 나의 헤어스타일을 주로 관리해준다. 어느 날인가 머리를 자르던 고지마 씨가 내게 물었다.

"제가 초등학교에 다닐 무렵에 나라에서 돈이 부족하면 돈을 찍어서 사용하면 되지 않을까 생각했는데, 이노우에 씨는 어떻게 생각하세요?"

이 책이 진행될수록 점점 명확해질 것 한 가지는, 경제학자의 치밀한 이론적 분석보다 경제학을 전혀 모르는 초등학생 고지마의 직감이 옳았다는 것이다.

물론 정부가 그렇게 계속 돈을 찍어서 쓰다 보면 악성 인플레이션이 올 가능성도 있다. 역사적으로 그런 실패 사례는 얼마든지 찾을 수 있다. 그러나 과도한 인플레이션이 걱정된다면, 악성 인플레이션을 불러오지 않을 구조나 제도를 만들어 두면 되는 것 아닐까?

헬리콥터 머니는 궁극적인 경기부양책이며 디플레이션에서 탈출할 수 있는 리셜 웨폰(lethal weapon), 즉 최종병기다. 이 책에서 나는 헬리콥터 머니가 일시적으로 필요한 정책일 뿐만 아니라, 영구적인 경제정책의 주축으로 자리 잡아야 한다고 주장할 것이다. 아마도 후자에 대해서는 일본의 거의 모든 경제학자가 반대할 것이다. 그러나 언제나 미래를 위한 새로운 제도를 구상하려면 학자들이 더욱 적극적으로 나서야 한다.

이 책의 구성은 다음과 같다.

1장에서는 돈을 늘리면 경기가 좋아지는 이유를 설명한다.

2장에서는 헬리콥터 머니의 구체적인 방법인 '정부지폐 발행'과 '재정 파이낸스(재정정책과 금융정책의 결합)'에 대해 소개하고 둘의 차이를 살펴본다.

3장에서는 장기 디플레이션 불황에서 벗어나는데, 헬리콥터 머니 방식으로 세상에 나도는 돈의 양을 늘리는 방식이 유효하다는 것을 설명한다. 어느 정도로 돈의 양을 늘려야 하는지도 계산해볼 예정이다.

4장에서는 중앙은행(일본은행)이 돈을 늘리려 노력했지만, 세상에 나도는 돈의 양이 늘어나지 않고 디플레이션 불황에서 벗어나지 못했던 이유를 살펴본다.

    5장에서는 헬리콥터 머니를 커다란 축으로 하는 새로운 화폐제도를 제안하려고 한다. 새로운 화폐제도가 국민 모두에게 현금을 주는 포괄적인 사회보장제도 '기본소득'과 함께, 인공지능으로 일자리가 빠르게 그리고 큰 폭으로 줄어들 가까운 미래 사회에 꼭 필요하다는 이야기도 할 것이다.

2016년 2월

이노우에 도모히로

차례

한국어판 머리말 5
머리말 9

제1장 하늘에서 돈을 뿌리면 경기가 좋아지는가 25

아베노믹스의 뿌리에는 거시경제학이 있다 27
성장정책은 디플레이션 불황에서 벗어나려는 정책이 아니다 30
그렇다면 재정정책? 아니면 금융정책? 38
베이비시터 조합의 위기 40
헬리콥터 머니 47
존 로우의 연금술 50

제2장 정부지폐와 재정 파이낸스 59

역사 속 정부지폐 61
은행권의 기원 65
제로 금리와 정부지폐론 69
재정 파이낸스는 이미 하고 있다 78
신용창조 83
무(無)에서 돈을 만들어내는 민간은행 86
플러스 금리 경제의 제약 91
제로 금리 경제의 제약 94
무능한 친구 둘을 합쳐도 무능하다 96
나라의 빚은 제로가 된다? 99
중앙은행이 가진 국채는 영구채로 해야 하나? 102
직접적 재정 파이낸스 108

제3장 **장기 디플레이션 불황과 헬리콥터 머니** 111

    장기적인 수요부족의 가능성 114
    자연실업률 가설 118
    피구 효과 127
    화폐의 장기적 중립성 130
    화폐의 장기적 비(非)중립성 137
    화폐성장과 기술적 실업 142
    기술적 실업의 장기화 144
    장기적 수요부족의 해결 148
    굴곡진 장기 필립스 곡선 150
    20년을 잃어버렸던 진짜 이유 154

제4장 **일본 경제는 어떤 함정에 빠졌는가** 157

    폴 크루그먼의 유동성 함정 모델 163
    제스 벤하비브 등의 디플레이션 함정 모델 167
    신용창조 함정 173

제5장 **헬리콥터 머니와 기본소득** 185

화폐발행이익 187
화폐발행이익=기본소득 190
국민 중심 화폐 제도 198
100% 지급준비제도 203
인공지능과 두 가지 기본소득 207

부록
역자의 말 217
이론모델 231
주석 237
참고문헌 240

제1장

하늘에서 돈을 뿌리면 경기가 좋아지는가

아베노믹스의 뿌리에는 거시경제학이 있다

아베노믹스에는 3개의 화살이 있다.

(1) 대담한 금융정책
(2) 적극적 재정정책
(3) 민간투자를 자극하는 성장전략

'금융정책'은 일본은행 같은 중앙은행이 세상에 나도는 돈의 양을 늘리거나 줄이는 정책이다. '재정정책'은 세금을 더 걷거나 덜 걷거나, 아니면 정부가 다리나 댐을 짓는 등의 정부지출을 조절하는 정책이다. '성장전략'은 규제를 완화하거나, 유망한 산업을 길러 경제성장을 돕는 정책이다. 성장전략은 보통 '성장정책'이라고 부르기도 한다.

이러한 정책은 보통 '거시경제학'을 바탕으로 한다. 따라서 거시경제학을 모르고 아베노믹스의 성공과 실패를 이야기한다는 것은 당찮은 말이다. 거시경제학은 한 나라의 GDP(국내총생산), 경제성장률, 실업률, 물가상승률 등이 어떻게 결정되는지 분석하는 경제학의 한 분야다.

안타깝게도 지금 일본에는 아베노믹스를 거시경제학의 관점에서 바라보지 않는 경향이 있다. 자기 정치 성향이 우파이고 지지 정당에 자민당이면 아베노믹스에 긍정적이고, 좌파이거나 리버럴(liveral)이면서 민진당을 지지하면 아베노믹스에 부정적인 경우가 많다. 무엇보다 이런 하찮은 당파적인 경향에서 벗어나야, 건설적인 논의를 제대로 할 수 있다.

금융완화와 재정지출 확대에 적극적인 아베노믹스는 좌파적인 경제정책이다. 거꾸로 자민당보다 재정지출 삭감과 증세에 적극적이며 금융완화에 부정적인 민진당은 경제적으로 우파적 성향이다. 일반적으로 재정지출과 금융완화 확대로 정부가 적극적으로 경제에 개입하겠다는 것은 좌파 성향이라고 여겨지며, 개입하지 않겠다는 것은 우파 성향이라고 여겨진다. 극단적 좌파 경제정책으로 정부가 경제의 모든 것을 통제하는 소련형 사회주의가 있다. 따라서 지금 일본은 정치적으로 우파로 여겨지는 자민당이 경제적으로는 좌파고, 정치적으로 좌파로 여겨지는 민진당이 경제적으로는 우파다. 이러한 뒤틀림이 틀렸다거나 온당하지 못하다는 주장은 큰 의미가 없지만, 정확하게 이해해야 한다. 그렇지 않으면 한층 더 쓸데없는 논의로 복잡해진다. [若田部 2015]

이와 별개로, 대중매체와 지식인들이 갖기 쉬운 잘못된 입장도 있다. '재정확장이나 금융완화는 마약'이라거나, '성장전략이 디플레이션에서 벗어나기 위한 중심을 맡아야 하며, 재정정책과 금융정책은 성장전략이 힘을 쓸 수 있도록 중계 역할을 하면 된다'는 것이 대표적으로 잘못된 입장이다. 이런 입장에 서 있는 사람들일수록 대개는 거시경제학을 제대로 이해하지 못하고 있다고 볼 수 있다. '대개'인 이유는, 이 가운데 몇 명은 거시경제학을 제대로 살펴보고 의견을 말했을 가능성이 있기 때문이다. 물론 이러한 경우는 드문데, 나는 거시경제학을 충분히 검토하고도 이런 의견을 내는 사람들과 이야기를 해보고 싶다. 하지만 '대개'에 속하는 사람들에게는 거시경제학 교과서를 먼저 잘 읽어보라고 부탁하고 싶다.

성장정책은 디플레이션 불황에서
벗어나려는 정책이 아니다

〈그림 1-1〉로 교과서에 나오는 재정정책과 금융정책, 성장정책의 임무를 설명해보자. 가로축은 시간, 세로축은 GDP다. 그래프는 뱀처럼 움직이지만 장기적으로는 오른쪽으로 올라가는 경향을 가진다. 뱀처럼 움직이는 이유는 경기순환 파도 때문이며, 오른쪽으로 올라가는 이유는 장기적으로 경제가 성장하고 있다는 뜻이다. 경기순환은 소비수요와 투자수요가 늘어나거나 줄어들면서 생긴다. 늘어나고 줄어드는 이유에 대해 여러 학설이 있지만, 어쨌건 경기순환의 중요한 원인은 수요 변화다.

장기적으로 GDP는 보통 '잠재 GDP' 수준에 있다고 여겨진다. 여기서 말하는 잠재 GDP는 '일할 수 있는 모든 사람이 문제없이 일할 때의 GDP'라고 해두면 된다. GDP 그래프가 잠재 GDP보다 아래로 내려왔다면, 그만큼의 실업자가 있는 '과소 고용' 상태라는 뜻이다. 그래프가 위로 올라갔다면 경기가 과열되었다는 뜻이다. 노동자들이 1일 법정노동시간인 8시간보다 길게, 10시간이든 12시간이든 일해야 하는 '초과 고용' 상태다. 실제 통계에서 늘 이런 경향을 볼 수는 없지만, 여기서는 그렇게 이해해 두자

실질 GDP와 잠재 GDP의 차이를 'GDP 갭(gab)'이라고 부른다. GDP 갭 = $\frac{실질 GDP - 잠재 GDP}{잠재 GDP}$ 라고 정의하는 경우가 많은데, 이 책에서는 이것은 'GDP 갭률'이라고 부르며 구별할 것이다. 실질 GDP가 잠재 GDP를 웃돌면 '플러스 GDP 갭', 밑돌면 '마이너스 GDP 갭'이 발생한다. 그리고 초과 고용 상태, 즉 '플러스 GDP 갭'일 때 인플레이션 경향을 보인다.

GDP 갭이 플러스가 되는 것은, 수요가 너무 많아서다. 이때는 기업이 가격을 올려도 상품이 팔리기 때문에 물가는 오른다. 반대로 과소 고용 상태, 즉 '마이너스 GDP 갭'일 때는 디플레이션 경향을 보인다. GDP 갭이 마이너스가 되는 것은 수요가 너무 적어서다. 이때는 기업이 가격을 내려야 상품이 팔리기 때문에 물가가 내려간다.

정리하면 '디플레이션 불황'은 수요부족으로 불경

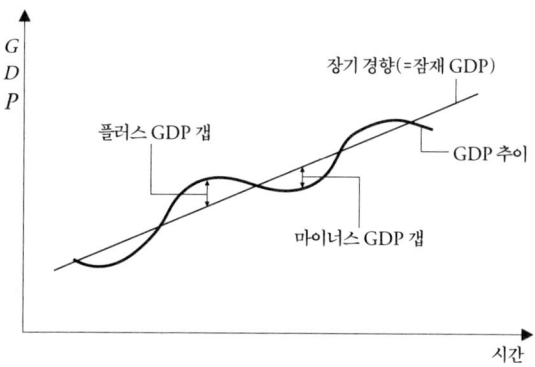

그림 1-1 GDP의 추이와 장기 경향

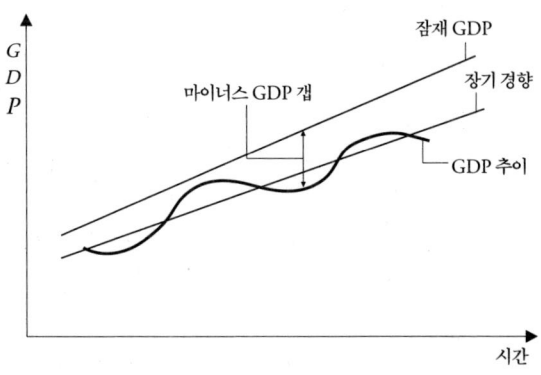

그림 1-2 잠재 GDP와 장기 경향의 괴리

기와 마이너스 GDP 갭으로 인해 디플레이션이 생긴 상태다.

디플레이션이 불황의 원인인지, 아니면 불황이 디플레이션의 원인인지는 논쟁 중이다. 양쪽 모두일 가능성도 있지만, 나는 '불황이 디플레이션의 원인'이라는 후자 쪽이다. 1991년 일본 경제의 장기 불황인 잃어버린 20년이 시작되었는데, 디플레이션은 1998년에 시작되었기 때문이다.

일본의 잃어버린 20년은 장기 불황으로, 〈그림 1-1〉이 아닌 〈그림 1-2〉의 상태라고 여겨진다. 즉 잠재 GDP가 장기 경향과 계속 동떨어진 채로 움직이는데, 계속 마이너스 GDP 갭인 상태다. 〈그림 1-3〉은 최근의 실질 GDP 갭률의 변화다. 0을 웃돌면 GDP 갭은 플러스, 0을 밑돌면 GDP 갭은 마이너스다. 경기의 골짜기(저점)에서 경기의 꼭대기(정점)까지 갔다가, 다시 경기의 꼭대기(정점)에서 경기 골짜기(저점)로 움직이는 한 주기가 단기적 경기순환이다. 경기 순환은 '열한 번째 경기순환'처럼 번호가 붙는다. 그리고 이런 경기순환을 관통하는 직선이 장기 경향인 셈이다. 거품경제가 꺼지던 1991년 이전에는 GDP 갭률의 장기 경향이 0% 정도였는데, 이것이 경제의 정상적인 모습이다. 그런데 1991년부터 시작한 잃어버린 20년 기간에는 마이너스 2% 정도였다. 그리고 장기적 수요부족이라는 이상 사태가 발생했다. 보통 교과서 수준의 거시경제학에서는 장기적 수요부족을 가정하지 않는다. 나는 이 가설이 틀렸다고 생각하는데, 이 문제는 3장에서 좀더 자세히 다룰 것이다.

어쨌든 장기적이든 단기적이든 디플레이션 문제를 풀려면 수요를 늘려야 한다는 점에서는 의견이 통일된다. 그리고 수요를 불러일으키는 정책은 재정정책이나 금융정책이지, 성장정책(성장전략)이 아니라는 의견도 하나로 모인다. 재정정책과 금융정책은 수요를 인위적으로 변화시켜 GDP 갭을 메우겠다는 정책이다. 이렇게 해서 실질 GDP를 잠재 GDP과 비슷하게 만들려고 한다. 성장정책은 〈그림 1-4〉처럼 장기 경향의 기울기를 가파르게 만들어, 장기적인 경제성장률을 올리는 정책이다. 즉 역할이 전혀 다르다.

재정정책과 금융정책은 증상만 없애는 대증요법

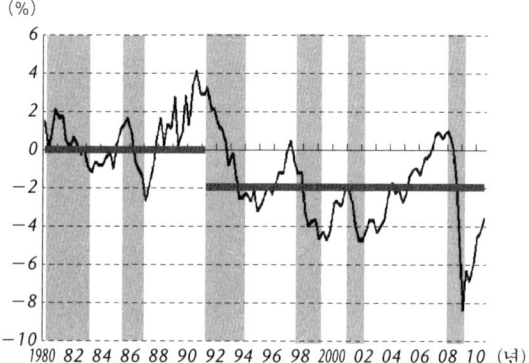

그림 1-3 실질 GDP 개율 변화 [출처: '내각부(內閣附) 일본경제(日本經濟) 2010~2011-경기(景氣) 재기동(再起動)의 조건'을 바탕으로 작성]

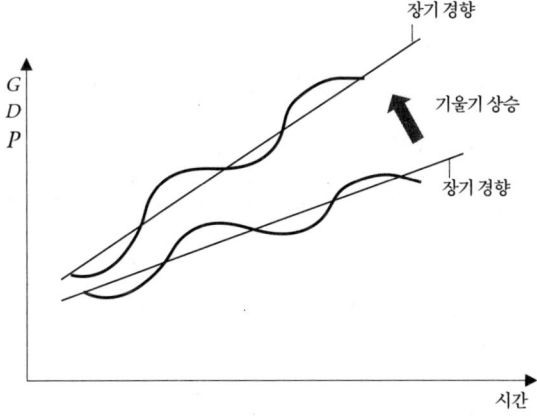

그림 1-4 성장정책의 효과

이고, 성장정책은 근본적인 치료법이라는 이야기를 가끔 듣는다. 적절한 비유는 아니다. 재정정책과 금융정책은 경제를 원래의 궤도로 돌려놓는 일이니 오히려 이 두 가지가 근본적인 치료다. 성장정책? 치료라기보다는 전체적인 체력을 키우자는 컨셉이다. 만약 병에 걸려 있는데 체력을 기르겠다며 심하게 운동을 한다면, 건강이 더 나빠질 수 있다. 마이너스 GDP 갭일 때 성장정책만 실시한다면, 갭이 점점 커져서 디플레이션이 심각해질 것이다. 나는 성장정책이 필요 없다고 말하려는 것이 아니다. 재정정책과 금융정책으로 빠르게 GDP 갭 문제를 풀면서, 성장정책으로 장기적인 성장률을 올려야 한다.

그렇다면 재정정책? 아니면 금융정책?

디플레이션 불황에 빠졌을 때, 재정정책과 금융정책 가운데 어느 쪽에 무게를 두어야 할까? 나는 기본적으로 금융정책이라고 생각한다. 다리를 놓거나 도로를 닦는 등 공공사업으로 돈을 푸는 재정정책은, 수요부족에서 비롯한 실업을 해결하기에 적절하지 않다. 다리나 도로는 필요할 때 만들어야 한다. 필요도 없는데 돈을 풀겠다며 공사를 하면 안 된다. 이런 종류의 공공사업이 건설업에 호황을 불러오고, 덕분에 건설업계 실업자가 줄어든다 해도 마찬가지다. 건설업은 그럴지 몰라도, 다른 모든 산업이 그 혜택을 입어 거시경제 전체의 수요부족 문제가 해소될 것이라고 단정하기 어렵다.

일반적으로는 금융정책이 경제 전체의 살림살이를 나아지게 할 수 있다. 영국의 경제학자 존 메이너드 케인스는 지폐를 유리병에 넣어 땅속 깊이 묻으라고 했다. 그러면 민간기업들은 돈이 든 유리병 캐내는 사업을 시작할 것이고, 땅을 파는 노동자를 뽑을 테니 일자리가 늘어 실업이 줄어들 것이라고 했다. 그러나 번거롭게 유리병에 돈을 넣고, 그것을 땅속 깊이 묻는 짓을 하지 않아도 된다. 그저 지폐를 사람들 사이에서 뿌리는 것만으로도 경기가 좋아지고 실업이 줄어든다. 즉 기본적으로 금융정책은 수요부족으로 생긴 실업 문제를 충분히 풀 수 있다.

다시 말하겠지만 금리(이자율)가 0에 가까울수록

금융정책만으로는 충분하지 않다. 이럴 때도 세상에 나도는 돈의 양인 통화량을 늘리면 수요를 키우고 경기를 좋게 만들 수 있다. 정말로 공공사업은 필요 없다. 통화량이 늘어 보통 사람들의 '가계'에도 돈이 늘어난 상황을 상상해보자. 이는 보통 사람들이 더 부자가 되었다는 뜻이다. 부자가 된 보통 사람들은 쇼핑을 좀더 많이 할 것이다. 수요가 늘어나면 GDP 갭은 줄어들 것이다. 이는 경제를 이전 궤도로 되돌리는 일이다. 고통(문제)를 느끼지 못하게 모르핀 같은 임시방편을 쓰자는 것도, 불로소득을 만들어내자는 것도 아니다. 그러나 일본 사람들의 고지식한 성향 때문인지는 모르겠지만, 적지 않은 사람들이 금융완화정책을 비도덕적인 것으로 생각한다. 어쩌면 이 고지식함이 디플레이션 불황을 이렇게까지 끌고온 것은 아닐까?

베이비시터 조합의 위기

'자산효과'라는 경제학 용어가 있다. 주식값, 땅값

등이 오르면, 즉 자산이 늘어나면 소비가 따라서 늘어나는 효과다. 나는 자산효과를 현금과 예금통화 등이 늘어나면 소비가 늘어나는 효과라는 뜻으로도 쓴다. 사람들이 가진 돈이 늘어나도 소비수요가 늘어나니까 말이다. 이렇게 현금과 예금통화가 늘어나서 소비수요가 늘어나는 자산효과가 발생하면, 실업자였던 사람들이 일을 할 수 있게 된다. 실제 생산량이 늘어나고, 실제 노동량이 늘어나는 것이니 부(富)가 늘어나는 것이다. 반대로 실업이나 수요부족이 없을 때는 금융완화정책을 실시해도, 인플레이션을 일으킬 뿐 GDP가 늘어나는 효과는 없다.

자산효과로 소비수요가 늘어나고 경기가 좋아지는 원리를 잘 설명한 일화가 있다. 이 이야기는 존 스위니와 리처드 스위니[3]라는 두 명의 경제학자가 함께 쓴「화폐이론과 베이비시터 조합의 위기」라는 논문에서 소개되었다. 원래 유명한 논문은 아니었다. 1977년에 발표된 것으로, 발표된 지 20년이 지나서 노벨경제학상 수상자 폴 크루그먼이 일본의 디플레이션 불황을 설명하기 위해 소개하면서 유명해졌다. 성이 스위니로 같은 것을 보고 이미 짐작한 사람도 있겠지만, 두 명의 경제학자는 부부다. 논문의 내용도 부부 생활과 관련이 있다.

스위니 부부는 '베이비시터 조합'에 가입했다. 이 조합은 약 150쌍의 젊은 커플들로 구성되어 있었다. 조합원이 되면 일이 있을 때 자신의 아이를 다른 조합원에게 맡길 수 있었고, 마찬가지로 일이 생긴 다른 조합원의 아이를 돌봐주기도 하는 것이 컨셉이었다.

이 상호부조적인 베이비시터 조합은 완전한 자원봉사가 아니었지만, 현금이 오고가는 구조도 아니었다. 커플이 조합에 가입하면 베이비시터 이용권(쿠폰) 20장을 받는다. 쿠폰 1장을 다른 조합원에게 주면 30분씩 아이를 맡길 수 있다. 반대로 다른 조합원 커플에게 쿠폰 한 장을 받으면 그 커플의 아이를 30분 돌봐주어야 한다. 이렇게 쿠폰이 돌고 돌면서 서로의 아이를 돌봐준다. 그런데 베이비시터 조합이 위기에 빠졌다.

어떤 커플이 아이를 맡기고 외식을 하러 가고 싶었다. 그런데 이런 외출이 계속된다면, 조합에 가입하면서 받은 20장의 쿠폰이 금방 바닥날 것이다. 이런 생각으로 조합원들은 쿠폰을 다 쓰지 않고 모아 두기 시작했다. 그런데 쿠폰을 모아 둔다는 것은 베이비시터가 일을 하지 못한다는 뜻이다. 모두가 외출을 삼가고 쿠폰을 모으니, 아이를 돌봐주고 쿠폰을 얻을 기회도 줄어든다. 쿠폰을 얻을 기회가 줄어드니, 점점 쿠폰을 사용하지 않았다. 언제라도 쿠폰을 벌 수 있다면 쿠폰을 모아 둘 필요는 없을 것이다. 그러나 쿠폰을 벌 기회가 적다면, 쿠폰을 쓰지 않고 더욱 모아 두려고 할 것이다. 서로의 아이를 돌봐주며 편하게 외출을 하는 상호부조는 이루어지지 않았다. 베이비시터 조합은 위기에 빠졌다.

위기를 해결하려고 조합은 규칙을 만들었다. 최소 6개월에 한 번은 의무적으로 쿠폰을 써야 한다는 규칙이었다. 그러나 만족스러운 해결책이 아니었다. 조합은 문제를 해결하기 위해 쿠폰을 늘리기로 했다. 쿠폰의 숫자가 늘어나자 사람들은 베이비시터를 부르는 일이 늘어났고, 조합은 위기에서 벗어났다.

베이비시터 조합의 위기는 공급에 비해 수요가 부족했기 때문이었다. 수요는 커플이 베이비시터를 부르고 싶은 양이며, 공급은 커플이 베이비시터 일을 하고 싶은 양이다. 그런데 베이비시터를 부르고 싶은 커플,

즉 고용하려는 사람은 줄어들고, 일하고 싶은 사람이 늘어나는 문제가 생긴 것이다. 이때 조합이 꺼내든 해결책은 자산효과였다. 쿠폰의 수가 늘어나자 자산효과가 일어났다. 구매력이 높아지고 수요량이 늘었다. 처음에 받은 20장의 쿠폰은 베이비시터 서비스를 20번 받을 수 있는 가치를 갖고 있었다. 이를 30장으로 늘리면 30번만큼의 가치로 늘어난다. 가치가 늘어나는 만큼 사람들의 자산은 증가한다. 쿠폰이 늘어났으니 좀더 가벼운 마음으로 쿠폰을 쓸 수 있게 된 것이다.

그런데 쿠폰을 갑자기 500장씩 준다면 사람들은 쿠폰을 펑펑 쓰려고만 하지 베이비시터를 하려고 하지는 않을 것이다. 따라서 앞의 상황과는 반대로 초과 수요가 생긴다. 쿠폰이 늘어나는 것에 의한 거래량의 상승 효과는 수요부족일 때만 얻을 수 있다.

베이비시터 조합의 이야기는, 우리가 늘 접하는 현금을 사용하는 보통의 경제활동에도 통한다. 쿠폰을 돈으로 바꾸어 생각해보자. 돈이 늘어나면 구매력이 높아져 수요량이 늘어날 것이다. 베이비시터를 고용한 양은 한 국가에서의 거래량, 즉 GDP다. 그러니 GDP도 늘어날 것이다. 이렇게 베이비시터 조합에서 배운 교훈을 경제활동에 적용해보자. 수요가 부족할 때 돈의 양을 늘리면, 수요가 늘어나 GDP가 커진다는 논리를 쉽게 이해할 수 있다.

한편 금융완화가 마약이나 도박처럼 손쉽게 돈을 버는 부도덕한 행위라는 주장이, 실은 얼마나 바보 같은 소리인지도 알 수 있다. 쿠폰이 늘어나면 베이비시터 수요가 늘어나고, 실제 거래가 늘어나니 베이비시터가 일하는 양도 늘어난다. 노동량이 늘어나니 더 많은 서비스를 누릴 수 있는 것이다. 베이비시터라는 서비스는 하늘에서 뚝 떨어지는 것이 아니다. 돈, 즉 쿠폰은 무(無)에서 만들어낼 수는 있지만, 서비스 자체는 만들어내고 싶다고 만들 수 있지 않다.

돈의 양을 늘렸을 때 GDP가 늘어나는 것은 노동량이 늘어나기 때문이지, 도박처럼 쉽게 돈을 벌기 때문이 아니다. 개인이 자기만 아는 돈 나무에 열린 돈을 따는 것과, 국가 전체가 공개된 중앙은행인 돈 나무에서 돈을 받는 것은 완전히 다르다.

현실 경제의 메커니즘이 복잡하다보니, 이해를 포

기하고 도덕론이나 정신론을 내세우는 사람들도 많다. 그러나 베이비시터 조합의 경제는 국가경제보다는 훨씬 이해하기 쉽다. 화폐경제의 본질을 보여주며, 도덕론이나 정신론을 무너뜨릴 수 있을 것이다.

화폐경제의 본질은 '수요부족은 화폐를 늘려서 해소할 수 있다'는 것이다. 반대도 성립하는데, 화폐를 늘려 해소할 수 없는 수요부족은 기본적으로 없다. '기본적으로'라는 조건을 붙인 이유는 소비수요가 포화 상태면, 즉 사람들이 더 이상 물건을 갖고 싶어 하지 않는다면 화폐를 늘려도 수요가 늘어나지 않을 것이기 때문이다. 이는 사람들이 현재 소비에 만족하고 더 이상 아무것도 바라지 않는다는 뜻이다. 물론 그런 유토피아는 아직 없었다.

이 책을 읽고 있는 독자 가운데는 현재의 소득과 소비에 만족하는 사람도 있을 것이다. 그렇지만 만족하고 있다고 하더라도, 만약 100억 원짜리 복권이 당첨된다면 1억 원짜리 차를 살 때 크게 불편하거나 주저하지 않을 것이다. 물론 복권에 당첨되어 생긴 돈을 모두 저축하지도 않을 것이다. 혹 그렇지 않은 사람이 있다고 해도 결론에는 별 영향을 주지 않는다. 물욕을 가진 사람이 있는 한, 화폐의 증가는 자산효과를 가지기 때문이다. 예를 들어 모든 국민에게 100만 원씩 나누어준다면, 그리고 다만 몇 명이라도 그 돈으로 소비를 한다면 수요는 늘어날 것이다. 나는 모든 사람이 물욕을 잃었다고 생각하지는 않는다.

헬리콥터 머니

'헬리콥터 머니'는 정부나 중앙은행 등의 공적기관이, 하늘에서 헬리콥터로 돈을 뿌리는 것처럼 화폐를 시중에 공급하는 것이다. 조금 더 정확한 정의는 뒤에서 다시 하기로 히고, 일단은 중앙은행이 새로 10만 원권을 찍어내 모든 국민에게 나눠주는 정책을 상상해보면 되겠다.

이는 금융정책과 같은 효과를 노리는 정책이지만 통상적인 금융정책의 틀을 벗어난 것이다. 대신 금융정책과 재정정책을 합친 것이라고도 할 수 있다. 아동수당이나 연금은 재정정책에 속하는데, 국민에게 돈을 지급하는 것이니 헬리콥터 머니는 재정정책의 성격도 가진다. 그럼에도 헬리콥터 머니는 '수요부족 문제는 화폐를 늘려 풀 수 있다.'라는 금융정책의 본질로 돌아간 정책이다.

전통적인 금융정책은 구조가 복잡하다. 금융정책을 아무리 잘 짠다고 해도 수요부족 문제를 늘 풀 수 있다고 말하기 어렵다. 그러나 헬리콥터 머니는 '돈을 뿌린다!'는 간편함(?)으로, 금융정책이 목표로 하는 본질적인 효과를 충분히 낼 수 있다. 잃어버린 20년 동안 여러 정책이 시도되었지만, 일본 경제가 디플레이션 불황에서 완전히 벗어난 적은 없었다. 만약 우리가 처음부터 헬리콥터 머니의 의미와 효과를 알았다면, 이렇게까지 오랫동안 어려움을 겪지는 않았을 것이다.

묘한 매력을 가진 헬리콥터 머니의 개념은, 밀턴 프리드먼의 논문에서 시작한다. 1969년 밀턴 프리드먼은 '하늘에서 헬리콥터로 돈을 뿌리면 어떨까?'라는 사고 실험을 한다.[Friedman 1969] 그로부터 30년이 지난 2002년에 (나중에 미국 연방준비제도[Fed] 의장이 되는) 벤 버냉키가 "통화창조를 재원으로 하는 감세는 밀턴 프리드먼의 유명한 '헬리콥터 머니'와 본질적으로 같습니다."라고 강연에서 말했다.[Bernanke 2002] 즉 중앙은행의 국채 매입과 감세 정책을 함께 시행하는 것은, 헬리콥터 머니와 같은 효과가 있다는 뜻이었다. 이 결합에 대해서는 재정 파이낸스를 다루는 다음 장에서 자세하게 다룰 예정이다.

어쨌건 이 발언 이후, 버냉키에게는 '헬리콥터 벤'이라는 야유 섞인 별명이 생겼다. 당시 금융정책을 열심히 공부하며 이런 저런 생각으로 밤을 새고는 했던 나로써는, 비아냥거리는 풍조에 커다란 위화감과 약간의 분노를 느꼈다. 버냉키는 매우 정직하게도 당연한 말을 했을 뿐이었다. 오히려 이를 비웃는 자들이 공부가 부족하거나, 생각이 모자라거나, 공부도 생각도 빈약한 사람들이라고 생각했다. 그 이후에도 헬리콥터 머니는 거의 제대로 다루어진 적이 없다. 그저 불량스러운 정책으로 여겨지고 계속 놀림감이 되었다. 발언을 했던 버냉키도 미국 연방준비제도 의장에 취임한 후, 조심스러운 자세를 취하면서 헬리콥터 머니에 대한 말을 아꼈다.

그런데 영국 금융감독청(FSA)의 소장이었던 아데어 터너가, 2015년에 『부채의 늪과 악마의 유혹 사이에서』라는 책을 내면서 헬리콥터 머니 논쟁에 다시 불이 붙었다.[4] 일본에서도 2016년에 『일본경제신문』이나 『주간 이코노미스트』 같은 매체들이 이를 다루며 대중적으로 소개되었다. 비록 찬반은 갈리지만, 드디어 제대로 된 논의가 테이블에 올라갈 수 있었다.

존 로우의 연금술

헬리콥터 머니는 아주 최근에 제안된, 완전히 새로운 아이디어가 아니다. 공적기관이 화폐를 뿌려 경기를 활성화하는 것은, 밀턴 프리드먼이 태어나기 훨씬 전인 근세 유럽에서 이미 논의되었다. 괴테(1749~1832)의 대표작 『파우스트』의 한 대목을 보자.

주인공 파우스트 박사는 악마인 메피스토펠레스와 계약을 맺는다. 파우스트가 세상의 온갖 쾌락을 누리고, 더할 나위 없이 좋은 시간의 맛을 보면 "시간이여 멈추어라! 너는 아름답다!"라고 말한다. 메피스토펠레스는 이를 신호로 파우스트의 영혼을 빼앗기로 했다. 파우스트 박사는 황제의 가신(家臣)으로 일했는데, 어릿광대로 분장한 메피스토펠레스가 나타나 나라의 재정 위기를 풀 수 있는 비책을 황제에게 제안한다. 실제로는 묻혀 있지 않은 자원과 보물이 황제의 영지 곳곳에 엄청나게 많은 묻혀 있다고 발표한다. 그리고는 세상에 없는 자원과 보물을 담보로 지폐를 발행하면 된다는 것이다. 그저 종잇조각일 뿐인 이 지폐에는 이렇게 쓰여 있다.

"알고 싶어 하는 모든 이들에게 답한다. 이 종잇조각은 1,000크로네의 값어치가 있다. 황제의 영지 곳곳에 묻혀 있는 무한한 보물로 이 종잇조각을 보증한다. 종잇조각을 가져온다면 당장이라도 땅에 묻힌 자원과 보물을 캐내어 바꾸어줄 준비가 되어 있다." [Goethe 1831]

이것은 말하자면 돈이 주렁주렁 매달리는 나무를 심는 것과 같으며, 무(無)에서 화폐를 만들어내는 연금술을 알아낸 것과 같다. 황제는 헬리콥터 머니를 믿었고, 지폐를 남발해 차례로 신하들에게 나누어주었고, 나라의 경제는 활성화되었다고 한다.

파우스트 박사의 실제 모델은 요한 '게오르그 파우스트'라는 연금술사였다고 한다. 연금술사들은 납을 금으로 만들려고 노력했지만 결국 실패했다. 그런데 무에서 화폐를 만들어내는 돈의 연금술을 황제에게 가르친 메피스토펠레스의 이야기는, 연금술사가 아닌 존 로우(John Law)라는 사람의 생각과 행동을 바탕으로 했다고 한다. 존 로우는 도박꾼, 은행가, 살인범, 정치가, 망명자였다. 그리고 화폐경제의 중요한 수수께끼를 파헤친 경제사상가였다.

존 로우는 1671년 스코틀랜드에서 태어났다. 존 로우의 아버지 윌리엄은 '골드스미스 뱅커'(금장金匠 은행가)였다. 골드스미스(Gold Smith)는 원래 금세공사라는 뜻이다. 금세공사로 일을 하려면, 의뢰인이 맡긴 금을 보관해두는 튼튼한 금고가 필요했다. 그런데 이들은 금고를 이용해 은행업을 시작했다. 골드스미스 뱅커는 근대적 은행의 출발이었다. 천재로 여겨지는 존 로우는,

사실 태어나면서부터 화폐의 비밀을 알 수 있는 가정환경에서 자란 것이었다.

학교를 졸업하고 아버지의 재산을 상속받은 존 로우는, 런던에서 연애와 도박으로 매일 매일을 보냈다. 어느 날 애정의 삼각관계에 얽혀 결투 신청을 받았고, 결투에서 상대를 죽이는 바람에 사형선고를 받는다. 존 로우는 친구의 도움으로 탈옥해 네덜란드 암스테르담으로 도망쳤다. 그리고 그곳에서 금융과 은행에 대한 지식을 익혔다. 존 로우는 스코틀랜드로 잠깐 돌아와 『화폐와 상업』이라는 책을 익명으로 출판했는데, 이 책은 은행과 신용에 대한 첫 번째 체계적인 이론서였다.[中川 2011]

『화폐와 상업』에서 존 로우는 스코틀랜드 경제가 정체된 이유로 화폐의 부족을 들었다. 그리고 은행을 세워 충분한 양의 화폐를 공급해, 일자리를 늘릴 수 있도록 해야 한다고 주장했다. 스코틀랜드 정부는 존 로우의 의견을 받아들이지 않았다. 자신의 계획을 주장하려고 여러 나라를 돌아다니던 존 로우는, 프랑스 파리에서 마침내 자신의 야망을 실현할 수 있었다.

당시 프랑스는 국채 상환을 하지 못해 재정 위기에 처해 있었다. 프랑스 정부는 빚을 갚지 못하고 있었는데, 존 로우는 당시 섭정이었던 오를레앙 공을 설득했다. '국부(國富)란 통화며, 통화를 증가시키는 것이 국부를 증가시키는 것'이라는 주장이었다. 마치 메피스토펠레스가 말했던 것처럼, 화폐량을 늘려 국채를 상환하고 프랑스 경제를 활성화시키는 방법을 제안한 것이다.

존 로우는 우선 프랑스 왕립은행을 세워 지폐(왕립은행권)를 발행하고, 그 지폐를 정부가 차입해 국채를 갚는 데 쓰게 했다. 〈그림 1-5〉 이와 함께 시중에 돌아다니는 지폐를 흡수하기 위해 '미시시피 회사'[5]라는 공기업을 세웠다.

미시시피 회사는 아메리카 대륙에 있던 프랑스 식민지인 루이지애나에서 금광을 탐사하는 회사였는데, 이 회사의 주식을 왕립은행권으로 살 수 있게 했다. 그런데 실제로 루이지애나에는 금광이 없었다. 마치 금광이 있는 것처럼 해서는 미시시피 회사의 주가를 올렸고, 왕립은행권의 신용이 유지되면서 국채 상환이 진행된 것이다. 돌고 돌아 국채는 결국 미시시피 회사의 주식이

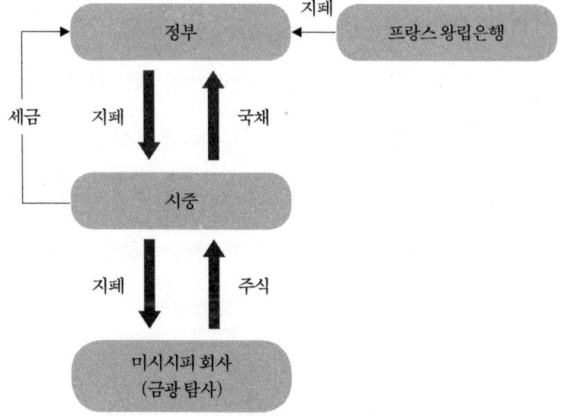

그림 1-5 존 로우 시스템

되었고, 이는 오늘날의 용어로 바꾸자면 증권화(securitization)된 것이었다. 이렇게 중앙은행(프랑스 왕립은행)과 공기업(미시시피 회사)이 기둥을 이루는 경제 시스템을 '로우 시스템' 또는 '미시시피 시스템'이라 부른다.

'로우 시스템'은 경제학적으로 중요한 의미가 있다. 화폐가 귀금속과 교환 가능하다는 보증 없이도, 신용만으로 유통된다는 사실을 보여주었기 때문이다. 귀금속과 바꾸어준다는 보증 없이, 무(無)에서 만들어진 화폐를 유통시키고 정책결정자가 화폐의 양을 조절한다는 존 로우의 아이디어는, 지금 각 나라의 중앙은행들이 '관리통화제도'라는 이름으로 쓰고 있다.

존 로우의 연금술은 위대한 것이었지만, 당시로써는 너무 앞선 것이었다. 특히 실체 없이 만들어진 거품성 주가가 신용을 담보하고 있다는 점은 위험했다. 1720년, 왕립은행권의 액면 가치는 100리블에서 50리블로 평가절하되었다. 평가절하가 일어나자 미시시피 회사의 주가는 폭락했고, 거품이 꺼지면서 로우의 야망도 무너졌다.

프랑스에서 쫓겨난 존 로우는, 1729년 베네치아에

서 고독과 실의에 빠진 채 세상을 떠났다. 프랑스의 로우 시스템은 크게 붕괴했고, 화폐량이 크게 줄어들어 불황이 길어졌다. 그 후 프랑스에서 '은행(banque)'은 사람들이 쓰기를 꺼려하는 단어가 되기까지 했다. 1800년이 되어서야 겨우 프랑스 중앙은행(Banque de France)이 세워질 수 있었다.

존 로우의 시도는 실패로 끝났다. 그러나 어떤 의미에서 그의 사상은 승리했다. 오늘날 자본주의는 로우 시스템 그 자체이기 때문이다. 다만 국채와 공기업의 주식을 교환하는 증권화 아이디어는 존 로우 이후 거의 채택된 적이 없었다. 이런 형태의 교환을 실패의 요인으로 보는 경향이 많은데, 이런 평가에 따르면 존 로우는 왕립은행권 발행량을 적절히 통제하는 데 실패한 것이다.

그러나 증권화 아이디어를 빼면, 현재의 자본주의는 많은 부분에서 존 로우 시스템과 비슷하다. 특히 존 로우 시스템에서 화폐 발행으로 국채를 상환하고 정부의 빚을 갚는 부분은, 현재 금융완화라는 이름으로 진행되고 있다고 의심받는 '국채의 화폐화(monetarization)' 그 자체다. 국채의 화폐화는 이미 현실화된 헬리콥터 머니 개념의 핵심이다. 이 점에 대해서는 다음 장에서 자세히 다루겠다. 마지막으로 일본 국제기독교 대학에서 경제학을 연구하는 이와이 가츠히토(岩井克人)의 평가로 마무리를 짓겠다.

"존 로우의 '시스템'은 죽지 않았다. 아니 250년이 지난 오늘날 우리가 사는 세계는 존 로우의 '시스템' 그 자체다. 성공한 시스템, 바로 자본주의라고 불리는 시스템 말이다." [岩井 2006]

제 2 장

정부지폐와
재정 파이낸스

헬리콥터 머니는 중앙은행이 발행한 화폐를 가계에 지급하는 정책이라고 했다. 그러나 실제 돈을 뿌릴 수 있는 곳은 중앙은행이 아니라 정부다. 중앙은행(일본은행)은 자신들이 발행한 지폐를 국민들에게 나눠줄 수 없지만, 정부는 연금이나 아동수당 등의 형태로 국민에게 나눠줄 수 있다. 이런 상황을 고려해 헬리콥터 머니를 '공적기관이 발행한 화폐를 재원으로 지출하는 것'으로 다시 정의하겠다. 실제로 이 정책을 쓰려면 중앙은행이 아닌 정부가 스스로 지폐를 발행하여 지출하든지, 재정정책과 금융정책을 결합하는 방법 말고는 없다. 이 장에서는 헬리콥터 머니의 구체적으로 실현할 수 있는 모델로 '정부지폐'와 '재정 파이낸스'(재정정책과 금융정책의 결합)를 소개하고, 각각의 효과에 대해 이야기해보자.

역사 속 정부지폐

정부지폐는 중앙은행제도가 정비된 근대국가에서는 거의 발행된 적이 없다. 그러나 그 이전의 역사를 훑

어보면 너무 많아, 소개하기 위해 모든 사례를 하나하나 늘어놓을 수 없을 정도다.

인류 역사상 처음으로 지폐가 폭넓게 쓰인 곳은 존 로우가 태어난 스코틀랜드나 그가 활약했던 프랑스가 아니다. 중국의 송(宋)나라는 눈부신 경제발전으로 금속화폐가 모자랐다. 이에 송나라 정부에서는 '교자(交子)'라는 정부지폐를 발행했다. 역사적으로 유의미한 첫 번째 지폐의 통용은 바로 중국 송나라의 교자다. 교자가 발행되고 얼마 지나지 않아 이 지폐는, 송나라 옆에 있던 서하(西夏)의 침입으로 인해 늘어난 군사비를 대는 데 쓰였다. 송나라 전반기를 북송(北宋), 후반기를 남송(南宋)이라 부른다. 북송을 무너뜨린 금(金)나라에서는 '교초(交鈔)'라는 지폐가 사용되었다. 금나라와 남송을 멸망시킨 원(元)나라에서는 '중통초(中統鈔)'가 사용되었다. 원나라를 방문한 유럽 사람 마르코 폴로는 『동방견문록』을 썼는데, 무엇이든 살 수 있는 만능 종잇조각이었던 지폐를 보고 놀랐던 내용이 『동방견문록』에 남아 있다.

이렇게 정부지폐의 발행은 일종의 헬리콥터 머니

로 볼 수 있다. 보통 대부분의 왕조 국가에서는 말기로 갈수록 군사비가 늘어난다. 그리고 역시 보통은 지폐를 남발해 초인플레이션(hyperinflation)이 일어난다. 정부지폐의 역사는 중국에서 계속 이어질 듯했으니, 변화가 생겼다. 은(銀) 때문이었다.

원나라 다음으로 중국을 다스린 명(明)나라는 초기에 '대명보초(大明寶鈔)' 등의 지폐와 동전을 함께 사용했다. 그런데 페루의 포토시 은 광산과 멕시코의 사카테카스 은 광산, 일본의 이와미 은 광산 등지에서 캐낸 은이 유럽 상인들을 손을 거쳐 명나라로 들어왔다. 이에 명나라는 은을 교환수단으로써 활발히 사용하였다. 명나라 다음 청(淸)나라는 지폐를 발행하지 않고 아예 은본위제를 채택했다. 송나라에서 시작된, 인류 역사를 통틀어 몇 안 되는 획기적인 아이디어라고 할 수 있는 정부지폐는 중국에서 후대로 이어지지 않았다.

일본에서는 에도 시대에 '번찰(藩札)'이라는 지방정부지폐를 발행하였다. 에도 막부는 금화, 은화, 동화로 이루어진 '삼화 제도'를 공식적으로 채택했지만, 지방정부인 번(藩)은 독자적으로 지폐를 발행해 번 안에서 유통시켰다. 메이지 시대가 되자 메이지 정부는 막부에 반대하는 세력과 내전을 펼쳤는데(보신센소戊辰戰爭, 1868~1869), 이때 전쟁비용을 대려고 '다이죠칸사츠(太政官札)'라는 정부지폐를 발행했다. 메이지 시대에는 내전이 잦았는데, 사무라이 계급이 일으킨 내전(세이난센소西南戰爭, 1877) 때는 '메이지츠호(明治通寶)'라는 정부지폐를 발행했다. 화폐를 발행하는 근대적 중앙은행인 일본은행은 1882년이 되어서야 문을 열었다.

유럽에서 정부지폐로는 프랑스 혁명정부가 1789년부터 1796년까지 발행한 '아시냐 지폐(Assignat)'[6]가 있다. 처음에는 교회에서 몰수한 재산을 담보로 한 국채였다. 그런데 1790년부터 정부가 불환지폐로 발행해 전쟁비용을 대는 데 남발했고, 인플레이션을 불러왔다. 1796년 프랑스 혁명정부는 이 도깨비방망이에 기대는 것은 위험하다는 사실을 깨달아, 지폐를 태우고 인쇄기는 부숴버렸다.

미국의 정부지폐로는 '디맨드 노트(Demand Note 혹은 Greenback)'[7]가 있다. 링컨 대통령이 남북전쟁 때 발행한 정부지폐다. 케네디 대통령도 '대통령령(Executive Order) 11110호'에 서명하면서 정부지폐 발행을 시도했지만, 곧이어 암살을 당하는 바람에 실현되지 못했다. 링컨과 케네디 모두 암살을 당했다는 점 때문에, 정부지폐 발행을 시도하면 임기 중 총에 맞아 죽는다는 음모론이 퍼지기도 했다. 지금 사용하고 있는 지폐의 탄생 과정이 복잡했기 때문에 이런 이야기들이 사람들 사이에 도는 것인지도 모른다.

은행권의 기원

역사 속에서 정부지폐를 쉽게 찾아볼 수 있지만, 현대 지폐의 직접적인 기원은 근대 영국에서 발행된 '은행권'이다. 일본에서 지금 사용하는 지폐의 정식 이름도 '일본은행권'이다. 근대적 화폐제도 아래에서의 지폐란 은행권이다.

17세기 영국의 골드스미스(금세공 장인)들은 손님들이 세공을 맡긴 금을 보관하는 튼튼한 금고를 가지고 있었다. 덕분에 세공 의뢰 때문이 아니라 순수하게 다른 사람들의 금을 맡아주는 업무, 즉 예금(預金) 업무를 할 수 있었다. 사람들은 이런 일을 하는 일종의 은행을 '골드스미스 뱅크'라고 불렀다. 존 로우의 아버지도 이 일을 했다.

사람들은 골드스미스에게 금을 맡기면서 예치증서를 받아갔다. 그리고 사람들이 이 예치증서인 '골드스미스 노트(note)'를 교환수단으로 사용했다. 즉 예치증서가 지폐, 은행권으로 유통된 것이다. 영국, 미국, 일본 등지에 아직 중앙은행 제도가 없던 시절에는, 골드스미스 뱅크로 시작해 발전한 민간은행들이 각각 자신들의 은행권을 발행해 유통했다. 이러한 단계를 '프리 뱅킹(free banking)'이라고 한다. 지금 일본으로 말하자면 미즈호 은행이 '미즈호 권'을, 미츠비시도쿄UFJ 은행이 '미츠비시도쿄UFJ 권'을 발행한 것이다.

1694년에 설립된 잉글랜드 은행은 처음에는 정부에 대출을 해주는 민간은행이었다. 잉글랜드 은행은 정부에 대출을 해주고, 그에 해당하는 액수의 지폐(잉글랜드 은행권)를 발행할 권리를 가졌다. 골드스미스 뱅크에서 발전한 민간은행들의 금고에는 이제 금이 아닌 잉글랜드 은행권이 쌓이기 시작했다. 그런데 민간은행들은 이렇게 쌓인 잉글랜드 은행권 가운데 일부를 다시 잉글랜드 은행에 보관시켰다. 잉글랜드 은행은 '은행의 은행'의 일까지 맡게 되었는데, 이처럼 자연스럽게 중앙은행 역할을 하나씩 수행하기 시작했다.

중앙은행이라는 잉글랜드 은행의 법적 지위도 이후 정비됐다. 1844년 필 조례(Peel's Bank Act)[8]는 잉글랜드 은행의 독점적 지폐 발행을 규정했다. 영국에서 프리 뱅킹 시대가 끝났고, 민간은행은 지폐를 발행할 수 없게 되었다. 원래 민간은행이었던 잉글랜드 은행은 다른 민간은행보다 높은 자리로 올라가면서 자연스럽게 중앙은행화(化)되어갔다.

이처럼 중앙은행의 뿌리가 민간은행이라는 점에서, 여러 나라들의 중앙은행이 공적기관인지 민간기업인지 확실히 구별하는 것은 어려운 일이다. 이는 전설 속에 있어야 할 괴물이, 멀쩡히 길에 돌아다니고 있는 것과 같다.

중앙은행인 일본은행은 정부기관이 아니라 인가받은 법인이다. 1억 엔의 자본금 가운데 정부가 55%를 출자했고, 나머지 45%는 민간이 출자했다. 일본은행은 주식회사처럼 자스닥(JASDAQ)에 상장되어 있으며, 일본은행의 주식(정확하게는 '출자증권')이 시장에서 거래된다. 그래서인지 일본은행에 다니는 사람들 가운데 내가 아는 몇몇은 일본은행을 '우리 회사'라고 부른다.

당연히 중앙은행은 공적기관이어야 하고, 특정한 사람들의 이익이 아닌 국민 전체의 이익을 위해 일해야 한다. 그러니 중앙은행이 자신의 역할을 제대로 하지 않는다고 여겨질 때, 민간은행에 뿌리를 두고 있는 중앙은행 대신 정부가 직접 지폐를 발행해야 한다는 '정부지폐론'이 목소리를 내기 시작한다.

다만 이런 주장은 누군가의 이익을 해칠 수 있다. 그리고 이런 주장을 하면 정부지폐를 발행한 링컨이나 발행하려고 준비했던 케네디처럼 암살당할지 모른다는 음모론을 또 들어야 할지도 모른다. 2000년대 당시 게이오 대학 교수 사카키바라 에이스케(榊原英資)[9]와 노벨 경제학상 수상자 조지프 스티글리츠 등이 정부지폐론을 적극적으로 주장했다. 이런 주장에도 불구하고 중앙은행(일본은행)이 충분한 금융완화를 하지 않고 있다고 생각했는지, 사카키바라 에이스케와 조지프 스티글리츠 등 정부지폐론을 주장했던 이들 가운데 그 누구도 아직 암살당하지는 않았다.

제로 금리와 정부지폐론

정부지폐론을 주장하는 이유는 더 있다. 제로 금리 상황에서는 금융완화를 실시하기가 어려우므로, 정부가 대신해서 화폐량을 늘려야 한다는 것이다. 현재 중앙은행은 주로 민간은행에서 국채를 사들이면서 중앙은행이 발행한 화폐를 국채의 값으로 지불한다. 화폐량을 늘리는 일반적인 방식인 '매입 오퍼레이션(매입활동)'이다. 즉 국채와 화폐를 교환하는 것이다. 화폐량을 줄이고 싶다면, 반대로 민간은행에 국채를 팔고 화폐를 거두어들이는 '매도 오퍼레이션(매도활동)'을 한다.

그런데 민간은행들은 서로 돈을 빌려주고 빌리는 금융시장인 '인터 뱅크(inter bank) 시장'을 만들어놓고 있다. 만약 어떤 민간은행 금고에 돈이 많이 있다면, 다른 은행에서 돈을 빌려올 이유가 약해진다. 반대로 이자를 받을 수 있게 돈을 빌려주고 싶은 마음은 커진다. 그런데 화폐량이 늘어나면 돈을 빌리려는 수요가 줄고 빌려주려는 공급이 늘면서, 인터 뱅크 시장의 금리는 내려간다. 금리(이자율)는 돈을 빌려주는 서비스의 가격과 같으니, 상품가격과 마찬가지로 수요가 많으면 오르고 공급이 많으면 떨어지는 경향을 보인다.

인터 뱅크 시장 거래 가운데서 가장 기간이 짧은 것이 '오버 나이트(over night) 물량'이다. 다른 은행에 하루에서 이틀 정도 돈을 빌려주는 것이다. 그리고 이 '오버 나이트 물량'의 금리가 일본은행의 정책 목표 금리, 즉 '정책금리'다. 중앙은행은 정책금리를 올리거나 내려, 경기와 물가를 조절하려고 한다.

보통 정책금리를 낮추면 경기가 좋아진다고 한다. 민간은행은 기업에 돈을 빌려주고 이자를 받는데, 대출을 받으려는 기업이 충분히 많지 않으면 이자를 싸게 해서라도 돈을 빌려가게끔 한다. 즉 대출금리를 낮추어도, 더 이상 이자를 싸게 내릴 수 없는 선이 있다. 바로 인터 뱅크 시장의 금리다. 적어도 다른 은행에서 돈을 빌릴 때 주는 이자보다는 높게 받아야 기업에 돈을 빌려주면서 손해를 보지 않기 때문이다.

뒤집어 말하면, 인터 뱅크 시장의 금리가 낮아지면 그만큼 대출금리를 낮출 수 있다. 따라서 대출금리와 정책금리는 대체로 연동된다고 볼 수 있다. 보통 기업이 사업에 투자하기 위해 민간은행에서 돈을 빌리려고 할 때, 대출금리가 낮아지면 그만큼 투자수요가 커진다. 대출이 많아지면 돈이 시중에 풀려 통화량이 늘어난다. 가계로 더 많은 돈을 간다면, 자산효과 덕분에 그만큼 소비수요가 늘어난다. 거시경제학에서는 수요가 투자수요와 소비수요로 이루어진다고 보는데, 둘을 키우면 경기가 좋아지는 것이다.

민간은행이 기업에 돈을 빌려주지 못하면, 돈이 민간은행 금고 안에서 잠만 자고 있을 것이다. 물론 투자수요나 소비수요도 늘어나지 않을 것이다. 만약 정책금리가 마이너스가 되지 않도록 하한이 정해져 있다면, 제로 금리까지 내려간 상황에서는 금리를 더 내릴 수 없으니 정책금리로 경기가 좋아지게 만들기는 어려워진다.

일본에서는 디플레이션 불황이 계속되는 가운데,

1999년에 정책금리를 0%로 내리는 '제로 금리정책'을 도입했다. 제로 금리정책은 2000년 8월에 중단되었지만, 6개월만에 다시 나타났다. 그러나 제로 금리를 유지하는 것만으로는 더 이상 금융을 완화할 수 없었다. 이런 이유로 2001년 3월, '양적완화정책'이 실시된다. 양적완화정책은 민간은행이 중앙은행에 예치한 돈의 양을 정책목표로 해서 금융완화를 실시하는 정책이다. 사람들이 남는 돈을 민간은행에 예금하는 것처럼, 민간은행도 남는 돈을 중앙은행에 예치한다. 이런 것을 일본에서는 '일은(일본은행)당좌예금'이라고 하며, 보통 '예금(지급)준비'라고 한다.

'금리정책은 금리를 올리거나 내리는 정책이고, 양적완화정책은 화폐량을 늘리는 정책이다'라는 설명을 가끔 볼 수 있다. 이는 약간 잘못된 설명이다. 금리정책이나 양적완화정책 모두 수단은 '매입활동'(금리를 낮출 경우에는 매도활동)이며, 보통 예금(지급)준비를 늘려 화폐량이 늘어나는 효과를 기대한다. 둘의 차이는 정책의 목표다. 금리정책은 금리가, 양적완화정책은 일은당좌예금 액수가 목표다. 예를 들어 양적완화정책의 목표는

2001년 3월 도입할 당시, 일은당좌예금 액수를 5조 엔으로 만드는 것이었다.

양적완화정책으로 시중에 나도는 돈, 즉 '통화량'을 늘릴 수 있을지는 경제학자들 사이에서도 의견이 다르다. 양적완화정책이 효과가 있다는 경제학자들은 주로 '포트폴리오 재균형 효과'와 '기대에 부응하는 정책으로써의 효과' 등 두 가지를 근거로 댄다. 일단 '기대에 부응하는 정책으로써의 효과'에 대해서는 4장에서 설명하겠다.

'포트폴리오'는 금융 용어다. 보유하고 있는 자산이 나누어져 있는 상태를 뜻한다. '포트폴리오 재균형'은 이와 같은 배분을 바꾸는 것이다. 돈에 불이 붙어 타버리는 등의 사고가 나지 않는다면, 돈은 없어지지 않는다. 따라서 현금은 안전자산이다. 반대로 누군가에게 빌려준 돈은 돌려받지 못할 수도 있다. 즉 채권은 위험자산이다. 그런데 '안전자산이 늘어날수록 모험을 해도 되지 않을까?' 하고 생각하는 바람에 위험자산이 함께 늘어날 것이라는 견해가 있다. 이는 민간은행도 마찬가지다. 민간은행이 중앙은행에 당좌예금으로 맡겨 놓은 돈이 많다면 기업에 돈을 많이 빌려주려고 할 것이다.

이렇게 안전자산이 늘어나면 대출도 늘리는 현상을 포트폴리오 재균형 효과라 부른다. 그런데 문제의 핵심은 자금의 수요다. 기업이 민간은행에서 돈을 빌릴 이유가 없다면, 아무리 중앙은행 당좌예금 계좌에 돈이 많이 쌓여 있어도 민간은행이 기업에 해주는 대출은 늘어나지 않을 것이다.

양적완화정책도 효과가 없는 것은 아니지만, 경기가 좋아지지 않는다면 양적완화정책만으로는 부족하다. 이는 사실 중앙은행의 탓이라고 할 수 있다. 이렇게 중앙은행이 충분히 역할을 다할 수 없다면, 정부지폐를 발행해야 한다. 반대로 양적완화정책이 효과가 없다면 직접 통화량을 늘리기 위해 이번에도 정부지폐를 발행해야 한다. 어떠한 상황이든 통화량을 늘리는 것이 경기를 살리는 효과가 있다면, 정부지폐를 발행해야 한다는 결론에 이른다.

헬리콥터 머니의 의의는 돈의 흐름을 바꾸는 데 있다. 〈그림 2-1〉처럼 돈은 3단계를 거쳐 가계까지 흘러간다.

(1) 매입활동: 중앙은행이 발행한 돈을 민간은행에 공급한다.
(2) 대출: 민간은행이 기업에 돈을 공급한다.
(3) 임금 등: 기업이 가계에 임금이나 배당의 형태로 돈을 지불한다.

그런데 금융완화정책의 효과가 없어 대출이 예상한 대로 일어나지 않으면 돈이 풀리지 않는다. 따라서 돈을 다른 경로로 유통해야 한다. 그 방법 가운데 하나가 정부지폐 발행이다. 〈그림 2-2〉에서는 정부에서 가계(기업으로도 흘러갈 수 있다)로 돈이 직접 흘러간다. '민간은행에서 기업으로 돈이 가는 길이 막혀 있으니, 다른 길을 개척한다!' 이것이 헬리콥터 머니의 기본 정신이다.

'막힌 길을 돌아서 새롭게 개척한 길'로써 정부지폐 발행은 타당한가? 먼저 정부가 지폐를 발행한다면, 정치적 인기를 얻으려 한다거나 군사비를 늘리기 위해 무한정 발행할 수 있고, 결과적으로 초인플레이션이 생길 수 있다는 비판을 받을 수 있다. 송나라의 교자, 금나라의 교초, 원나라의 중통초, 프랑스 혁명정부의 아시

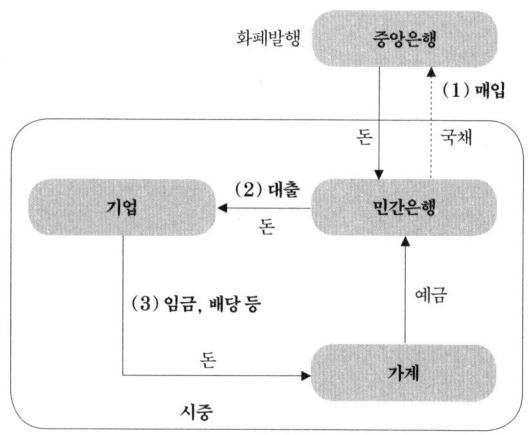

그림 2-1 통상적인 돈의 흐름

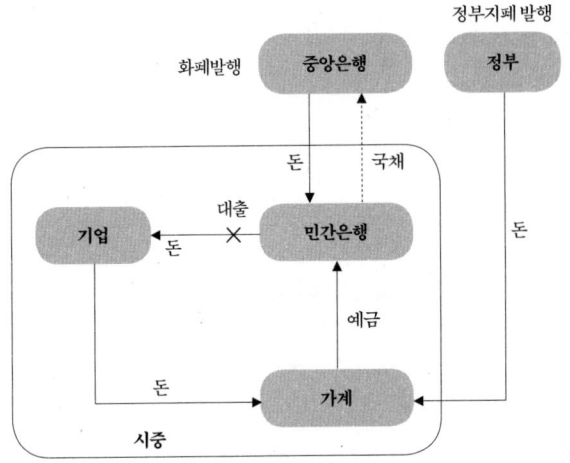

그림 2-2 정부지폐의 발행

냐 지폐가 모두 초인플레이션을 일으켰다는 점을 생각하면 일리 있는 비판이다. 한편 지폐를 발행하는 주체가 중앙은행과 정부, 두 군데라는 것이 부자연스럽다는 비판을 받을 수도 있다. 이와 같은 여러 비판을 고려했을 때 헬리콥터 머니를 실시하는 두 번째 방법, 즉 재정 파이낸스(재정정책+금융정책) 방식이 부작용을 줄이는 현실적인 방안일 것이다.

재정 파이낸스는 이미 하고 있다

재정 파이낸스는 재정정책과 금융정책을 합친 것이다. 정부가 재정지출을 위해 발행한 국채는 주로 민간은행이 구입한다. 중앙은행은 이 국채를 다시 민간은행으로부터 사들인다. 국채가 움직이는 방향과 돈이 움직이는 방향이 반대이니, 결과적으로 정부가 중앙은행에 빚을 지는 셈이 된다. 이렇게 중앙은행이 발행하는 화폐가 정부지출의 재원이 되는데, 이런 정책을 보통 '재정 파이낸스'라고 부른다. (다시 이야기하겠지만, 이것을 '간접적 재정 파이낸스'라고도 부른다).

　　재정 파이낸스로서의 헬리콥터 머니는 〈그림 2-3〉의 굵은 화살표처럼 돈의 흐름으로 나타난다(돈의 화살표가 가계를 향하고 있지만, 기업을 향할 수도 있다). 특히 중앙은행의 국채 매입은 '국채의 화폐화(monetarization)'로 볼 수 있다. 중앙은행이 국채를 매입하는 것은, 시중의 국채를 화폐로 바꿔주기 때문이다. 이 대목에서 조심해야 할 것은 국채의 화폐화가 중앙은행이 하는 일반적인 일이라는 점이다. 금리정책이든 양적완화정책이든, 완화정책을 펼치는 도구는 매입활동이다. 중앙은행이 펼치는 국채의 화폐화는, 중앙은행은 늘 하는 일이다.

　　이렇듯 매입활동은 세상에 나도는 돈의 '양'을 늘리는 기본적인 수단이다. 3장에서 좀더 자세히 설명하겠지만, 이렇게 하는 이유는 시장에서 돌아다니는 돈을 장기적으로 계속 늘려가야 하기 때문이다. 또한 정부가 국채를 판 돈을 지출하는 것도 일상적이니, 재정 파이낸스는 그리 특별한 정책은 아니다. 그래서 '정부가 지금 재정 파이낸스를 실시하고 있는가?' '정부가 재정 파이낸스를 실시해야 하는가?' '헬리콥터 머니를 실시한다고 해도 한 번으로 그쳐야 하는 것이 아닌가?' 등의 질문은 모두 당치 않은 말이다.

재정 파이낸스로서의 헬리콥터 머니는 옛날부터 해왔고, 지금도 하고 있으며, 앞으로도 할 수밖에 없는 정책이다. 그러니 질문을 '재정 파이낸스를 확대할 것인가, 축소할 것인가?'로 바르게 고쳐야 한다. 물론 지금은 확대할 때다. 제로 금리 상황에서 기업이 민간은행으로부터 돈을 빌리는 길이 막혀 있다면, 다른 길을 열어야 한다. 정부지폐 발행이 안 된다면, 이미 늘 쓰던 방법이라 눈에 잘 띄지는 않기는 했어도 〈그림 2-3〉과 같은 길을 최대한 이용할 수밖에 없을 것이다.

'재정 파이낸스'라는 말의 뜻을 좁게 해석하는 경우도 많다. 정부가 재원을 확보하려고 국채를 화폐화하는 것으로 범위를 묶어두는 것이다. 이는 매입활동의 목적을 금융완화가 아니라 정부재원 확보에 두기 때문이다. 그런데 금융완화와 정부재원 확보는 겉으로 봐서는 구별하기 어렵다. 사람의 마음을 들여다 볼 수 없기 때문에, 구체적인 정책의 목표까지 알 수 없는 것이다. 그러니 '재정 파이낸스'라는 말을 정부재원 확보라는 목적

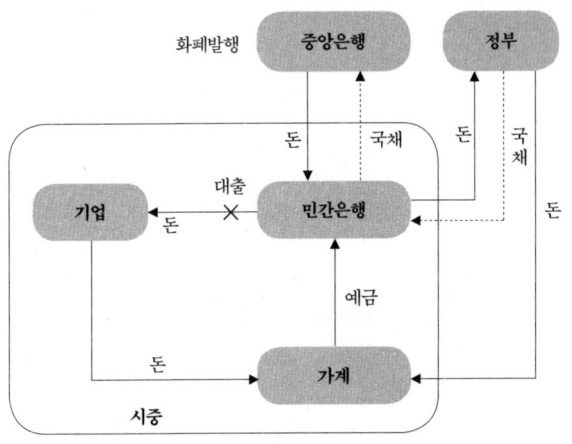

그림 2-3 간접적 재정 파이낸스

에 한정해서 사용한다 해도 큰 의미는 없다.

정부가 재원을 확보하려고 국채를 화폐화했을 때 어떤 문제가 생길까? 정부지폐 발행 때와 마찬가지로 정부가 극단적으로 지출을 늘려 초인플레이션이 일어날 것이라는 비판이 나올 수 있다. 따라서 중앙은행은 초인플레이션을 막는 '인플레이션 타깃팅(목표)'을 해야 한다. 예를 들어 중앙은행이 물가상승률을 연 2%로 설정하고, 이를 넘지 않게 관리하는 것이다.(실제 지금 일본은행은 이렇게 한다.) 인플레이션 타깃팅이 제도화되어 있다면, 딱히 초인플레이션을 걱정하지 않아도 된다.

어쨌든 재정 파이낸스는 정부지폐 발행과 같은 헬리콥터 머니의 한 종류이고, 그리 특별하지 않은 경제정책들 가운데 하나다. 그렇다면 두 정책은 완전히 같은 효과를 낼까? 거시경제학에서는 정부와 중앙은행을 합쳐 '통합정부'라고 부른다. 정부와 중앙은행은 모두 공적 부문일 것이니 하나로 묶어 다루어야 한다. 그렇다고 해서 중앙은행의 독립성을 위협하자는 것은 아니다. 여기서 말하는 통합정부는 장부상의 개념이기 때문이다. 정부와 중앙은행이 하나가 되어 움직이자는 것은 아니다.

재정 파이낸스는 통합정부가 지폐를 발행해서 뿌리는 것과 같으니, 재정 파이낸스는 정부지폐와 같은 효과를 낼 것처럼 보일 것이다. 그런데 제로 금리 아래에서는 같은 효과를 낼 수 있지만, 플러스 금리에서는 그렇지 않다. 이는 불규칙한 경제 상태인 '제로 금리 경제'와 보통의 경제 상태인 '플러스 금리 경제'의 성격이 완전히 다르게 때문이다. 이에 대해 살펴보자.

신용창조

그 전에 먼저 중앙은행뿐만 아니라 민간은행도 돈을 만든다는 것을 확인하고 넘어가야 한다. A가 민간은행에 1,000만 원을 예금했다. 민간은행은 이 가운데 100만 원을 금고에 넣어두고, 900만 원을 B에게 빌려주었다. A는 자기 돈 1,000만 원이 은행에 잘 있을 것이라고 생각하고, B는 900만 원을 손에 쥐게 되었다고 생각한다. 이는 현금뿐만 아니라 예금도 돈이라고 생각하기 때문이다. 덕분에 세상에는 A와 B 두 사람 생각의 합인, 1,900만 원의 돈이 있게 된다. 원래 1,000만 원이었던 돈이 1,900만 원으로 늘었다. 민간은행이 이런 식으로 돈을 늘리는 것을 '신용창조'라고 한다. 민간은행이 신용창조를 할 수 있는 것은 저축은행이나 신용협동조합 같은 제2금융권과는 달리, 예금 업무를 할 수 있기 때문이다. 왜 예금 업무로 신용창조가 가능해질까? 신용창조는 사기와 무엇이 다를까?

우리가 민간은행에 돈을 맡겨놓았을 때 예금이 은행에 그대로 있는지 아니면 누군가에게 대출되었는지 알기 어렵다. '예금'이라는 단어가 주는 느낌 때문에, 돈이 금고에 그대로 안전하게 들어가 있을 것이라고 생각하기 쉽다. 그런데 예금은 '예치'와 '대출'의 두 가지 성질을 모두 갖고 있다. 우리가 은행에 1,000만 원 예금이 있다면, 은행에 1,000만 원을 '예치'했다고 생각할 것이다. 물론 이 돈을 언제라도 찾아서 자유롭게 쓸 수 있을 것이라고 생각한다. 민간은행 입장에서 보면 이 1,000만 원은 예금을 맡긴 사람에게 빌린 돈이다. 그러나 자기 손에 들어왔으니, 민간은행은 이 돈을 자유롭게 다른 누군가에게 대출해줄 수 있다. 예금자 입장에서는 맡긴 돈이고 은행 입장에서는 빌린 돈이지만, 둘 다 모두 이 돈을 자유롭게 쓸 수 있다고 믿는다. 이것은 연애로 치자면 마치 삼각관계와 비슷하다. 예금은 예금자와 은행에게 모두 '당신이 원하는 대로 해도 좋다'며 달콤한 말을 속삭여 신용을 창조할 수 있다.

이 삼각관계와도 같은 신용창조가 계속되려면, 예금자들이 한꺼번에 많은 예금을 인출해서는 안 된다. 예를 들어 '○○은행은 망한다!'는 소문이 퍼져 예금자들이 ○○은행으로 몰려가(bank run) 예금을 찾겠다고 하면, 삼각관계는 파탄에 이르고 해당 민간은행은 망한다. 문제는 민간은행이 망해버리면 예금을 맡겼던 사람에게 돈이 되돌아가지는 않는다는 점이다. 이 삼각관계에서 열쇠를 쥐고 있는 쪽은 어디까지나 은행이다. 즉 예치가 아니라 대출이 예금의 본질이다.

이렇게 보면 예금은 기본적으로 원금이 보장되지 않는 위험자산이다. 그러나 실제로 이 위험은 부분적인 '페이 오프(pay-off)'로 제거된다. 페이 오프는 정부가 어느 정도까지의 예금을 보장해주는 것이다. 민간은행이 망해도 예금자는 정부가 보장하는 일정 금액까지는 되돌려 받을 수 있다. 페이 오프는 대출로 인한 문제로부터 예금자를 보호하기 위한 제도지만, 예금의 본질이 예치가 아니라 대출이라는 사실을 더욱 알기 어렵게 만든다.

무(無)에서 돈을 만들어내는 민간은행

민간은행은 A가 맡긴 예금 1,000만 원 가운데 900만 원을 B에게 대출했다. 그런데 민간은행은 B에게 돈을 빌려줄 때 현금을 금고에서 꺼내주지 않아도 된다. B에게 이 민간은행 계좌가 있다면 민간은행은 B의 통장에 900만 원을 찍어주면 돈을 빌려준 것과 같다. 이런 메커니즘이라면 민간은행에 아무도 돈을 맡겨 놓지 않았어도 대출하는 데 아무런 문제가 없다. A가 1,000만 원을 민간은행에 들고 와서 맡겨놓지 않아도, 민간은행은 그저 대출을 해주는 것만으로 세상에 없던 돈이 만들어낸다. 극단적으로 말하자면 민간은행은 현금이 전혀 없어도 누군가의 계좌에 숫자를 찍어주는 순간, 세상에 없던 그만큼의 돈을 만들어낼 수 있는 것이다.

세상에 이렇게 말도 안 되는 이야기가 있을 수 있냐며 의아해 할 수도 있지만, 돈의 본질은 정보이자 정해진 약속이라는 점을 받아들인다면 이해 못할 것도 아니다. 1장에서 나왔던 베이비시터 조합의 쿠폰도 조합 안에서 쓰이는 화폐와 같은 것이었다. 그런데 이 쿠폰도 단지 정보이면서 정해진 약속이었을 뿐이었다. 5만 원짜리 지폐가 조금 더 복잡한 그림들로 채워져 있기는 하지만, 그렇다고 해서 정보가 적힌 종잇조각인 것은 베이비시터 조합의 쿠폰과 다를 바 없다. 돈은 금이나 석유처럼 땅에서 캐낸 천연자원이 아니니 무(無)에서 만들어낼 수 있다.

이렇게 보면 예금과 같은 돈도 그저 컴퓨터 저장장치 어딘가에 있는 전자 데이터에 불과하다. 우리가 쇼핑백에 차곡차곡 넣은 현금 1,000만 원을 은행에 들고가 맡기면, 그 돈 1,000만 원이 금고로 이동하는 것이 아니다. 현금 다발이 어디로 가는지와 무관하게, 1,000만 원이라는 데이터가 민간은행 컴퓨터에 기록될 뿐이다.

엔, 달러, 원은 법이 보증하는 '법정통화'다. 그런데 이만큼 강력한 법이 보증하지 않는 화폐라고 해도, 민간은행 아닌 경제주체들이 몇 가지 규칙만 지킨다면 큰 어려움 없이 찍어낼 수 있다. 쇼핑할 때 쌓았다가 한 번에 쓰는 카드 포인트는, 정해진 가게에서만 사용한다는 규칙을 지키면 돈처럼 쓸 수 있는 화폐다. 물론 카드 포인트는 기업이 임의로 만들어낸다. 나는 와세다 대학에서 시간강사를 했었다. 와세다 대학이 있던 동네에서는 '아톰 통화'라는 지역화폐가 쓰였다. 이런 지역화폐나, 비트코인 같은 전자화폐는 민간 경제주체가 임의로 만든 화폐다.

그런데 법정통화는 기본적으로 은행만 만들 수 있다. 이는 민간은행과 제2금융권의 차이를 보면 알 수 있다. 제2금융권 금융기관은 누군가에게 대출을 해주려면 어디선가 그만큼의 자금을 가지고 와서 들고 있어야 한다. 민간은행은 그럴 필요가 없다. 그저 무(無)에서 돈을 만들어내고, 대출할 수도 있다. 미쓰이 은행 은행장을 지낸 이타쿠라 조지(板倉讓治)는 이렇게 말했다.

"민간은행은 대출로 만들어내는 자금 그 자체를, 해당 대출의 밑천으로 사용할 수 있다. 따로 미리 돈을 마련해두지 않아도 돈을 빌려줄 수 있다."

[板倉 1995]

민간은행은 돈을 어디선가 가져오거나 열심히 모아서, 그것을 가지고 대출해주지 않는다. 민간은행 스스로 화폐를 만들어내서는, 그 돈을 빌려준다. 따라서 영업을 하고 있는 은행은 잠재적으로는 제약 없이, '예금이라는 돈'을 만들어낼 수 있다.

그러나 은행들이 100% 자유롭게 예금을 만들어낼 수 있게 놓아두면, 통화량이 너무 늘어나 초인플레이션을 생길 수도 있다. 게다가 이렇게 예금만 늘어난다면, 사람들이 은행에 돈을 찾으려고 왔을 때 꺼내 줄 돈이 없어 문제가 생길 수도 있다. 따라서 민간은행은 예금 가운데 일정 비율을 준비금으로 가지고 있어야 한다. 이 비율을 '법정지급준비율'이라고 한다. 영업을 하고 있는 민간은행은 법정지급준비율 기준을 맞춰야 하기 때문에, 무제한으로 신용을 창조할 수는 없다.

예를 들어 예금이 1,000만 원 있고 법정지급준비율이 1%라면, 민간은행은 1,000만 원의 1%인 10만 원의 현금을 '지급준비금'으로 금고에 보관하고 있어야 한다. 이때 10만 원을 '법정지급준비금'이라고 부른다. '법정'이 붙는 이유는, 최소한 이만큼은 가지고 있어야 하기 때문이다. 즉 현실에서 지급준비금은 법정지급준비금 이상이어야 하고, 이 경우 지급준비금은 10만 원 이상이기만 하면 된다. 이 상황을 뒤집어 보면 지급준비금이 10만 원인 경우, 신용창조로 지급준비금의 100배인 1,000만 원까지 예금 화폐를 만들었다는 뜻이다. 10만 원을 튼튼한 금고에 안전하게 잘 보관하는 일과 990만 원을 빌려주고 이자를 받는 일을 비교하면, 당연히 후자가 민간은행 업무의 실상에 가깝다.

그런데 중앙은행이 민간은행이 가지고 있던 국채를 사들이면, 국채 매입 대금이 해당 민간은행의 중앙은행 당좌예금 계좌에 이체된다. 민간은행 잔고가 늘어나고, 이는 지급준비금이 늘어나는 효과로 이어진다. 만약 법정지급준비율이 1%인데 지급준비금이 10만 원에서 30만 원으로 늘어난다면, 이 민간은행은 예금 화폐를 1,000만 원이 아닌 3,000만 원까지 늘릴 수 있는 것이다.

플러스 금리 경제의 제약

민간은행도 영리기업이다. 대출을 많이 해주고 이자를 많이 받으려고 하는 것이 당연하다. 그러니 지급준비금 기준으로 늘어난 대출 가능 한도인 3,000만 원 선까지 예금화폐를 늘리려고 노력할 것이다. 이렇게 예금화폐를 늘려가다 보면 실제 지급준비금과 법정지급준비금이 같아진다. 지급준비금과 법정지급준비금의 차이인 초과 지급준비금은 0이 된다.

〈그림 2-4〉의 위쪽 선은 실제 지급준비금을 나타내고 아래쪽 선은 법정지급준비금을 나타낸다. 1999년에 제로 금리가 실시되기 전에는, 실제 지급준비금과 법정지급준비금이 별 차이가 없어 두 선은 겹친다. 초과 지급준비금이 거의 없었던 것이다. 따라서 플러스 금리 경제는 '법정지급준비율이라는 제약에 얽매이는 경제'라고 할 수 있다. 플러스 금리 경제에서 실제 지급준비금과 법정지급준비금은 거의 같고, 초과 지급준비금은 없다. 물론 대출 여력도 없다.

원래 민간은행이 기업에 대출을 해주면, 신용창조

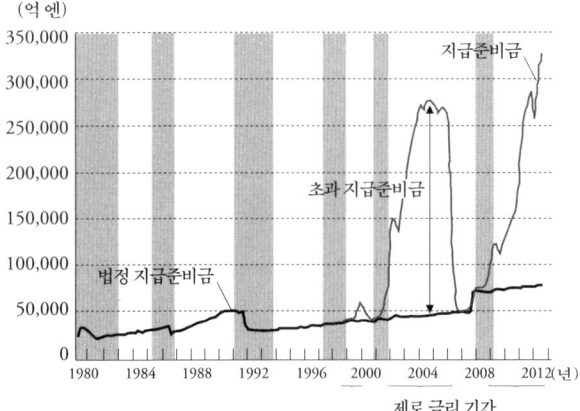

그림 2-4 초과 지급준비금

로 예금화폐가 늘어나 통화량(예금화폐+현금)도 늘어나야 한다. 정부가 민간은행에서 돈을 차입해 지출해도 신용창조는 마찬가지다. 그런데 플러스 금리 경제에서는 초과 지급준비금이 없어 대출 여력이 없다. 이때 만약 정부가 민간은행에서 돈을 빌린다면 빌린 금액만큼 기업에 대출해줄 수 있는 돈이 줄어든다. (거시경제학 교과서에 나오는 것과는 다른 형태의 구축효과 crowding out다.) 따라서 정부가 국채를 발행해도 통화량이 늘어나지 않는다. 즉 '플러스 금리 상황에서는 재정 파이낸스로 정부지폐와 같은 효과를 낼 수 없다'라고 할 수 있다.

정부지폐를 발행할 때와 달리, 재정 파이낸스는 '재정지출의 주체'와 '화폐발행의 주체'가 통합된 것이 아니다. 재정을 지출하는 '정부'와 화폐를 발행하는 '중앙은행' 사이에 신용을 창조하는 민간은행이 끼어 있어, 재정 파이낸스는 정부지폐와는 성질이 다르다.

법정지급준비율이라는 제약이 있는 한 민간은행은 준비율 이상의 신용창조가 불가능하며, 국채 발행으로 정부지출이 발생해도 통화량은 늘어나지 않는다. 반면 정부지폐는 어떤 상황에서라도 통화량을 늘릴 수 있다.

제로 금리 경제의 제약

〈그림 2-4〉에서 보면, 제로 금리에 빠진 1999년 이후에는 거의 항상 초과 지급준비금 상태였다. 실제 지급준비금이 법정지급준비금보다 많았던 것이다. 그래서 돈을 헛되게 쌓아두고 있다는 뜻의, '돼지쌓기(ブタ積み)'라고 불렀다. 대출을 늘리면 되지만 마땅한 자금 수요가 없으니 대출을 늘릴 수 없다. 일본은 2016년 2월부터는 아예 마이너스 금리 정책으로 나아갔다. 단 정책금리는 아직도 0 근처에 있으며, 0 아래로 크게 떨어지지는 않았다. 나는 이 책에서 금리를 0 아래로 크게 낮출 수 없다는 것을 전제로 이야기를 하겠다.

금리가 제로가 되면 중앙은행은 더이상 금리를 내려 자금수요를 늘리는 정책을 펼 수 없다. 따라서 통화량도 늘릴 수 없다. 제로 금리 경제는 법정지급준비율의 제약을 받지 않지만, 제로 금리의 제약을 받는 경제인 것이다.

제로 금리 경제에서 통화량을 늘리려면, 우선 민간 은행이 국채를 사게끔 한다. 정부는 국채를 판 돈으로 재정지출을 하는데, 이렇게 통화량을 늘린다. 플러스 금리 경제와는 다르게 제로 금리 경제에서는 초과 지급준비금(대출 여력)이 있다. 정부가 민간은행에서 돈을 빌려도, 기업에 해주는 대출은 구축(crowding out)되지 않는다. 이처럼 제로 금리 경제에서 중앙은행이 통상적인 금융완화정책으로 통화량을 늘릴 수는 없지만, 정부는 민간은행에서 돈을 차입해 지출하면 통화량을 늘릴 수 있다.

따라서 지금 일본 상황에서 통화량을 늘리려면, 정부는 가능한 많은 빚을 내야 한다. 빚이야말로 자금을 창출하고 디플레이션 불황을 극복하는 데 필요하다. 기업이 빚을 내지 않아 신용창조가 발생하지 않고 그로 인해 통화량이 늘어나지 않는다면, 정부가 대신 빚을 낼 수밖에 없다. 반대로 제로 금리 경제에서는, 세금을 많이 걷어 적자 국채의 발행 액수를 줄이면 통화량도 줄어든다. 디플레이션 불황은 더 심해진다.

2014년 4월 소비세를 올려 아베노믹스가 크게 실패했다는 사실은, 죠우부(上武) 대학의 다나카 히데오미(田中秀臣) 교수, 와세다 대학의 와카타베 마사즈미(若田

部昌澄) 교수, 리츠메이칸 대학의 마츠오 다다시(松尾匡) 교수 등 많은 학자들이 지적했다. 증세로 수요가 줄어들고 경기가 나빠진다는 사실은, 거시경제학 교과서만 읽어봐도 알 수 있다. 나는 여기에 한 가지를 더 보태려고 한다. 바로 통화량이 줄어드는 바람에 (정확하게는 통화량의 성장 억제가) 일본 경제에 치명적인 타격을 주었다는 점이다.

무능한 친구 둘을 합쳐도 무능하다

화폐량을 늘리고 줄이는 정책을 '화폐정책'이라 부르자. 중앙은행이 하는 화폐정책은 보통 '금융정책'이라 한다. 즉 내가 말하는 화폐정책은 금융정책보다 넓은 개념이다. 실시하는 주체가 중앙은행인지 정부인지는 상관이 없다.(영어로는 모두 Monetary Policy다.)

〈표 2-1〉처럼, 정부는 플러스 금리 경제에서 법정지급준비율 제약 때문에 화폐정책을 펼 수 없다. 그러나 중앙은행은 제로 금리 제약이 없으니 화폐정책을 쓸

수 있다. 반대로 제로 금리 경제에서 정부는 법정지급준비율 제약이 없어 화폐정책을 쓸 수 있지만, 중앙은행은 제로 금리 제약으로 화폐정책을 펼 수 없다. 그런데도 '제로 금리 아래서 정부가 화폐정책을 쓸 수 있다'고 주장하는 경제학자들은 꽤 적은 편이다. 나는 이상하다고 생각하지만, 생각해 보면 당연한 일이다.

금융정책으로 통화량을 늘리지 못하는 제로 금리 경제에서 재정 파이낸스로 통화량을 늘릴 수 있다고 생각한다면, 이는 재정정책으로 통화량을 늘릴 수 있다고 생각하는 것이나 마찬가지다. 재정 파이낸스는 재정정책과 금융정책의 결합이므로, 금융정책이 효과를 내지 못하면 재정정책이 효과를 낼 것이라고 생각할 수밖에 없다. 두 정책이 합쳐져 새로운 현상이 생길 것이라 주장하며 재정 파이낸스의 가치를 강조하는 사람들이 적지 않지만, 나는 그렇게 생각하지 않는다.

각 정책은 저마다 무능한 탓에 효과를 못 내는데, 둘을 합친다고 갑자기 유능해지는 것은 아니다. 재정정책과 금융정책을 동시에 쓰는 것만으로, 창조적일 수 있는 유기적 결합이라고 부르기는 어렵다. 재정 파이낸스

	플러스 금리 경제	제로 금리 경제
법정지급준비율 제약	구속됨	구속되지 않음
제로 금리 제약	구속되지 않음	구속됨
정부 화폐정책	불가능	가능
중앙은행 화폐정책	가능	불가능

표 2-1 플러스 금리 경제와 제로 금리 경제의 차이

가 전체적으로 통화량을 늘릴 수 있는 것도 아니다. 그러니 제로 금리 경제에서는 재정 파이낸스로 통화량을 늘려야 한다는 말이, 틀린 말은 아니지만 정확한 말도 아니다. 정확하게 말하자면 정부의 재정정책으로 통화량을 늘릴 수 있다.

나라의 빚은 제로가 된다?

그렇다면 재정 파이낸스를 구성하는 재정정책과 금융정책 가운데 금융정책은 제로 금리 경제에서 무슨 역할을 할까? 바로 시중에 돌아다니는 국채를 거두어들이는 것이며, 통합정부(중앙정부+중앙은행)의 빚을 줄이는 것이다. 우리가 걱정해야 할 것은 정부만의 채무가 아니다. 공적부문 전체, 즉 통합정부의 순채무다. 정부가 중앙은행에 빚을 아무리 많이 져도 통합정부의 채무는 늘지 않는다. 정부의 채무가 늘어나는 만큼 중앙은행의 채권도 늘어나기 때문이다. 오른손이 왼손에 빚을 지는 것과 같으니, 서로의 채권과 채무를 상쇄하면 0이 된다. 그러니 정부가 빚을 얼마나 지고 있는지 액수를 공개하는 것만으로는 별 의미가 없다. 정부는 통합정부의 순채무를 중요한 지표로 삼고, 이를 대대적으로 발표해야 한다.

〈그림 2-5〉처럼 중앙은행이 가진 국채의 양은 늘고 있는데, 이 경향이 계속 유지된다면 민간부문이 가진 국채는 정부 채무의 잔고를 따라잡아 0이 될 것이다. 이는 나라(통합정부)의 빚이 0이 된다는 뜻이다.

정부가 중앙은행에 진 빚을 갚아야 한다고 생각할 수도 있다. 그러나 기본적으로 그럴 필요는 없다. 통합정부의 채무와 채권, 즉 대차(貸借) 그 자체는 실제로 의미가 없기 때문이다. 오히려 정부와 중앙은행 사이에 서로 빌리고 빌려준 돈을 갚아야 한다는 편견이 위험을 불러올 수 있다. 정부가 중앙은행에 진 빚을 갚으려면 세금을 더 많이 걷어야 하는데, 이렇게 하면 정부가 시중에서 돈을 빨아들이는 셈이 된다. 일본 정부는 중앙은행에 약 400조 엔 정도의 빚을 지고 있다. 극단적인 이야기지만 일본 정부가 세금을 더 걷어 약 400조 엔의 빚을 모두 갚아버렸다고 해보자. 그러면 현재 일본 전체의 통

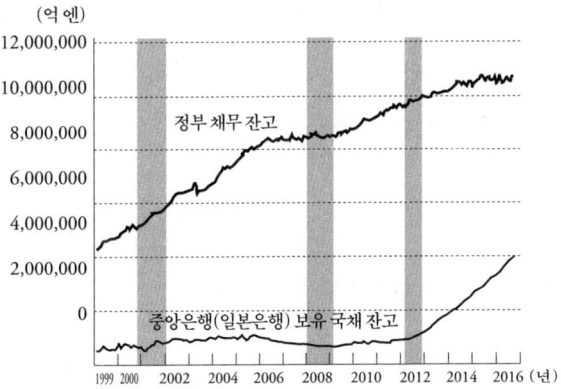

그림 2-5 정부 채무 잔고와 중앙은행(일본은행) 보유 국채 잔고

화량(M3)인 1,200조 엔 가운데 1/3에 해당하는 400조 엔이 사라지면서 초디플레이션과 엄청난 규모의 불황이 찾아올 것이다.

빌린 돈을 갚지 않는 개인은 문제가 있다. 그러나 국가 차원의 경제에 이런 식의 도덕적 기준을 적용할 수는 없다. 지금의 화폐제도 자체가, 빚으로 돈을 만든다. 그런데 '빚은 갚아야 한다'는 도덕을 정책 현장에 적용하는 것은, 엄청난 재앙을 불러들이는 것과 다르지 않다.

중앙은행이 가진 국채는 영구채로 해야 하나?

영국 금융 감독청 청장을 지낸 아데어 터너는 중앙은행이 가진 국채를 영구채로 간주해야 한다는 아이디어를 낸 적이 있다. 아데어 터너의 아이디어가 이야기되기 시작하면서, 헬리콥터 머니를 '회수되지 않은 돈을 뿌린다'는 뜻으로 쓰는 경우가 많아졌다. 그러나 헬리콥터 머니를 이런 뜻으로 쓰는 것은 그리 타당해 보이지 않는다. 하늘에서 헬리콥터를 타고 다니면서 지폐를 뿌린다는, 밀턴 프리드먼의 원래 사고실험으로 돌아가보자.

사람들이 쓰는 지폐나 밀턴 프리드먼이 헬리콥터를 타고 뿌리는 지폐는 같은 지폐일 것이다. 그러니 사람들이 땅에서 돈을 주워 지갑에 넣어버리고 나면 그만이다. 문제는 뿌린 화폐가 회수될 것인지가 아니라, 세금을 올려 돈을 시중에서 흡수해 화폐량을 줄일 것인지다. 적어도 나는 그렇게 생각한다.

정부가 앞으로 몇 년 동안 세금을 올리지 않겠다고 약속할 수는 있겠지만, 영원히 세금을 올리지 않겠다고 약속할 수는 없고 해서도 안 된다. 따라서 정부가 세금을 올리지 않겠다는 약속을 하든 말든, 돈을 뿌린 시점에는 헬리콥터 머니를 실시했다고 해석해야 하고, 세금을 올린 시점에는 '역 헬리콥터 머니'를 실시했다고 해석할 수밖에 없다. 다만 정부가 수년 동안 세금을 올리지 않겠다고 약속하면, 헬리콥터 머니의 효과를 높일 수 있을 것이다. 센슈(專修) 대학의 노구치 아사히(野口旭) 교수는 이러한 정책을 '비증세 약속을 한 헬리콥터 머니(또는 재정 파이낸스)'라고 부른다.[野口 2015]

중앙은행이 가진 국채를 영구채로 한다는 것은, 정부가 중앙은행에 영원히 돈을 갚지 않아도 된다는 뜻이다. 국채를 발행해 충당한 정부지출을, '회수되지 않는 돈 뿌리기'로 굳혀버리자는 것이다. 그러나 통합정부의 관점에서 보자면, 정부는 중앙은행에 돈을 갚을 필요가 처음부터 없었다. 국채를 갚을 날이 다가오면 다시 빌리면 되기 때문이다. 다만 많은 국민들에게 이런 사정을 모두 설명할 수 없으므로 영구채라는 개념을 빌려온 것이다. 즉 영구채라는 말은 중앙은행에 지고 있는 정부의 빚을 갚을 필요가 없다는 메시지를 선명하게 전달하는 것이 목표다.

한 마디만 덧붙이자면 일본에서는 60년이 지나면 국채를 완전히 갚아야 한다는 '60년 상환 규칙'이 있다. 이 불필요한 독자적 규칙을 없애거나, 중앙은행(일본은행)이 갖고 있는 국채는 영구채로 만들어 이 규칙이 적용되지 않게 해야 할 것이다(와카타베 마사즈미 교수를 따르는 주장이다). '영구채로 만들어 돈을 회수하지 않는다'(라기보다는 화폐량을 줄이지 않겠다는 표현이 정확하지만)는 메시지를 국민들에게 각인시키는 것도 방법이겠

으나, 국민들에게 세금을 올리지 않겠다고 직접 약속하는 것이 더 확실하다.

헬리콥터 머니를 '중앙은행이 가진 국채를 늘려 변함없이 오랫동안 본원통화(monetary base)를 계속 늘리는 정책'으로 정의하기도 한다. '본원통화'는 '현금'에 '예금(지급)준비'를 더한 것이고, '통화량'은 '현금'과 '예금'을 합친 것이다. 그러나 〈그림 2-6〉을 보면, 거품경제가 무너진 직후 등의 특정 시기를 빼면 본원통화의 증가율은 항상 제로를 큰 폭으로 넘어서고 있다. 즉 이런 정의도 사실상 의미가 없다. 국민들에게 통화량을 줄이지 않겠다고 약속하지 않더라도 본원통화는 늘어 가고 있는데, 이것은 2001년 이후 양적완화정책을 시작한 이후에만 해당하는 이야기도 아니다. 통화량의 증가율도 대부분 플러스지만, 이처럼 통화량이 계속 늘어나야 하는 이유에 대해서는 다음 장에서 이야기하겠다.

한 가지만 더 보자면, 대부분의 학자들은 경기가 디플레이션에서 완전히 벗어났을 때 중앙은행이 국채를 시중에 다시 팔아 돈을 '회수'할 필요가 있다고 생각한다. 확실히 경기가 지나치게 과열되어 인플레이션 상태

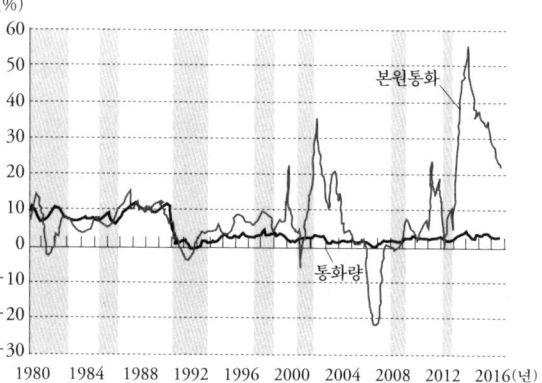

그림 2-6 본원통화와 통화량(M2)의 증가율

가 된다면 어느 정도의 '화폐축소', 즉 시중에 나도는 돈의 양을 줄이는 것이 필요하다.

그렇지만 〈그림 2-6〉의 본원통화 증가 경향에서 예상할 수 있듯이, 미래에도 장기적으로 중앙은행이 국채를 사들이는 것은 계속되어야 하며 실제로도 계속될 것이다. 따라서 '화폐축소'는 단기에 머물 것이며, '매도활동으로 금리가 올라 정부의 이자 지불이 늘어나는' 부작용도 그리 대수롭지 않은 일이다. 게다가 화폐축소도 정부가 세금을 많이 걷어 시중에 나도는 돈을 흡수한 다음 중앙은행에 판 국채를 상환한다든지, 아데어 터너가 말한 것처럼 법정지급준비율을 올리는 방법으로 실현할 수 있다. 매도활동만이 유일한 방법은 아니다. '금융완화를 했다면, 나중에 모든 것을 원점으로 되돌려야 한다'고 생각하지만, 정부 빚을 중앙은행에 모두 갚아야 한다는 생각과 마찬가지로 완벽한 오류다. 만약 실제로 그렇게 한다면, 상상을 초월한 불황과 초디플레이션이 찾아올 것이다.

직접적 재정 파이낸스

사실 플러스 금리 경제나 제로 금리 경제 상황에서 모두, 정부지폐와 똑같은 효과를 갖는 재정 파이낸스를 실시할 수도 있다. 〈그림 2-7〉처럼 정부가 직접 중앙은행에 국채를 팔고, 받은 돈을 재원으로 정부가 재정지출을 하면 된다. 이런 방법을 '직접적 재정 파이낸스'라고 부르자. 지금까지 이 책에서 '재정 파이낸스'라고 한 것은 정부가 재정지출을 할 때, 중앙은행이 정부가 발행한 국채를 민간은행을 거쳐 간접적으로 사들이는 방법이었다. 즉 '간접적 재정 파이낸스'였다.

〈표 2-2〉처럼 헬리콥터 머니는 '직접적 헬리콥터 머니'와 '간접적 헬리콥터 머니'로 나뉜다. 그리고 '직접적 헬리콥터 머니'는 '정부지폐'와 '직접적 재정 파이낸스'로 다시 나뉜다. 직접적 재정 파이낸스를 하려면 중앙은행이 (정부로부터) 국채를 직접 사야 하는데, 일본에서 재정법 제5조로 금지되어 있다. 다만 단서를 달아 절대적으로 금지하고 있지는 않다. 카에츠(嘉悦) 대학의 타카하시 요이치(高橋洋一) 교수가 강조하고 있지만, 국채를 상

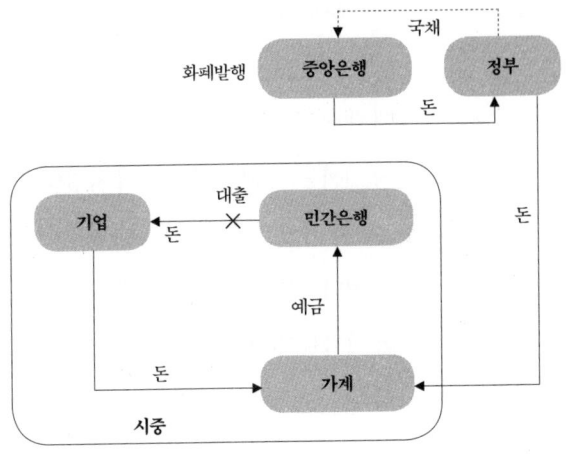

그림 2-7 직접적 재정 파이낸스

	정부지폐 발행	정부에 의한 지폐 발행
직접적 헬리콥터 머니	직접적 재정 파이낸스	중앙은행의 국채 직접 매입
간접적 헬리콥터 머니	간접적 재정 파이낸스	중앙은행의 국채 간접 매입

표 2-2 헬리콥터 머니의 분류

환할 때 차입한 상환액은 실제로 중앙은행(일본은행)이 직접 인수한다. 물론 예외로 여기는 것이지만 말이다.

> 국채의 발행에 대해서는 일본은행(중앙은행)에 이를 인수하게 해서는 안 되며, 차입금의 차입에 대해서는 일본은행(중앙은행)으로부터 이를 차입해서는 안 된다. 다만 특별한 사유가 있는 경우에 국회의 의결을 거친 금액의 범위 내에서는 그러하지 아니하다.〈재정법 제5조〉

일본에서도 직접적 재정 파이낸스가 도입된 적이 있다. 1931년에 다카하시 코레키요(高橋是淸)는 직접적 재정 파이낸스를 도입했다. 그러나 군사비 지출을 줄이려고 했기에 1936년에 청년 장교들에게 암살되었다. 이후 직접적 재정 파이낸스는 군사비를 방만하게 키우는 데 도움을 준다. 군부의 힘이 커지면서 직접적 재정 파이낸스를 통제할 규칙이 정비되지 않았기 때문이었다. 즉 규칙만 정비되어 있다면 직접적 재정 파이낸스는 오히려 거시경제 정책의 주축이 될 수 있을 것이다.

제3장

장기 디플레이션 불황과 헬리콥터 머니

제로 금리에서도 헬리콥터 머니는 통화량을 늘릴 수 있다. 그런데 헬리콥터 머니의 구체적인 실행 방법인 정부 지폐 발행과 직접적 재정 파이낸스를 지금의 제도 아래서 실시하기는 어렵다. 이런 이유로 제도를 변화시키지 않아도 할 수 있는, 간접적 재정 파이낸스를 시행하고 있다. 그런데 왜 일본은 디플레이션 불황에서 완전히 벗어나지 못할까? 내가 내린 결론부터 이야기하자면, 헬리콥터 머니의 양이 부족하기 때문이다.

나와 의견을 달리하는 학자들도 꽤 있다. 그들은 일본의 디플레이션 불황은 장기적인 것이고, 수요가 아닌 공급 부문에 원인이 있다고 본다. 그래서 화폐의 양이 늘어나도 디플레이션에서 벗어나는 데 별 효과가 없을 것이라고 본다. 이는 대부분의 경제학자들이 '장기적인 수요부족은 없다'는 거시경제학의 가설을 받아들이기 때문이다. 대부분의 경제학자들이 약간은 종교적 가르침처럼 받아들이기 때문에 가설보다는 교시(敎示) 같은 존재지만, 나는 틀린 가설이라고 생각한다.

이 장에서는 장기적인 수요부족이 이론적으로 가능하고, 역사적으로도 실제로 있었음을 보여줄 것이다.

또한 화폐량을 계속 늘려야 장기적인 호황이 가능하다는 것도 설명해보려고 한다. 이를 위한 화폐량의 증가가 어느 정도면 되는지에 대해서도 함께 살펴볼 것이다.

장기적인 수요부족의 가능성

일본이 겪고 있는 디플레이션 불황의 원인이 '공급 측면'에 있다면 헬리콥터 머니는 아무 효과가 없을 것이다. 심지어 인플레이션만 불러오는 해로운 일이 될 것이다. 그런데 수요 측면과 공급 측면 가운데 중 어느 쪽이 정말 핵심적인 원인일까? 이 질문 앞에서 경제학자들은 정확히 둘로 나뉜다.

수요 측면에 무게를 두는 경제학자들은 단기적인 수요부족이 장기화되고 있다고 본다. 반대로 공급 측면에 무게를 두는 경제학자들은 혁신적인 기술이 새롭게 나타나는 비율(기술진보율)이 낮아지는 것, 저출산 고령화 등을 원인으로 본다. 그런데 막상 공급 측면을 강조하는 입장에서 '왜 디플레이션이 생겼나?'라는 질문을 받으면 답이 막막하다. 보통 기술진보율 저하와 저출산 고령화는 경제성장률을 떨어뜨리는 이유는 될 수는 있어도, 디플레이션을 일으키는 이유가 될 수는 없기 때문이다.

한편 생산성이 늘어나지 않기 때문에 기대 성장률(앞으로의 성장률 기대치)이 낮아지고, 다시 소비수요가 충분히 늘지 않아 디플레이션이 발생한다는 주장도 있다. 그러나 내가 아는 한, 이런 설명에 꼭 맞는 경제모델은 없다. 생산성 향상 없이는 잠재 공급량도 늘지 않는다. 이는 인플레이션 요인이며, 디플레이션 요인이 아니다. 디플레이션이 생긴다면 잠재 공급량이 늘어나는 것보다 수요가 더 늘어나지 않기 때문이겠지만, 이런 메커니즘이 실제로 있는지 명확하게 밝혀진 것은 없다.

그럼에도 불구하고 왜 많은 경제학자들은 장기 디플레이션의 원인으로 공급 측면의 문제를 드는 것일까? 경제학자들이 표준적인 거시경제학에서는 장기적인 수요부족이 있을 수 없다고 생각하기 때문이다. 경제학에서 '장기'라는 개념은 여러 뜻으로 쓰이는데, 여기에서는 '정상상태(定常狀態, steady state)'라는 뜻으로 사용하겠다. 정상상태란 '작동하는 시스템의 도달 지점이 정해진 상태'다.

예를 들어 운동을 해서 칼로리를 태우면 몸무게가 줄고, 음식을 먹어 칼로리가 쌓이면 몸무게가 늘어난다고 해보자. '몸무게 증가=칼로리 섭취-칼로리 연소'라는 간단한 공식을 만들 수 있다. 〈그림 3-1〉처럼 몸무게가 많이 나갈수록 칼로리 연소량이 늘어난다고 (즉 기초대사량은 몸무게에 비례한다고) 가정하고, 칼로리 섭취량 자체는 몸무게와 무관하게 일정하다고 해보자. 정상상태는 이 두 선이 만나는 점이다. 지금 몸무게가 정상상태 몸무게보다 가볍다면, 섭취량이 연소량보다 많으므로 몸무게는 늘어나며 정상상태로 향한다. 반대로 정상상태 몸무게보다 더 나간다면, 연소량이 섭취량보다 많으므로 몸무게가 줄어들며 정상상태로 향한다. 그리고 정상상태에서는 몸무게 변화가 없다.

그런데 현실 경제는 끊임없이 쇼크가 발생하고, 경기가 변동한다. 정상상태에 도달한다고 해도 멈추지 않는 것이다. 사실 몸무게도 밥을 먹고 화장실에 가는 등의 변화 때문에 끊임없이, 적어도 1kg 정도씩은 수시로

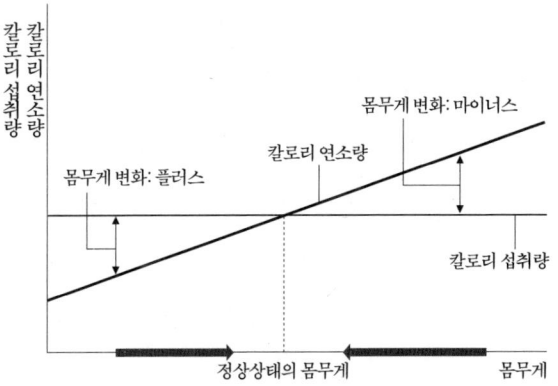

그림 3-1 몸무게와 칼로리의 섭취량, 연소량의 관계
[출처: 데이비드 N. 와일, 『경제성장』(피어슨)]

바뀔 것이다. 그러니 정상상태는 이렇게 몸무게가 오락 가락 하는 어떤 구간이라고 볼 수 있다. 따라서 경기변동 파동의 한가운데 지점의 주변까지를 정상상태로 본다. 경제 시스템에서 정상상태란 제1장에서 '장기경향'이라 불렸던 것이다.

문제는 정상상태의 몸무게가 적절한 몸무게라고 단정할 수 없듯이, 경제 시스템의 정상상태도 수요부족 없는 적절한 상태라고 할 수 없다는 점이다. 표준적인 거시경제학은 정상상태에서 수요부족은 없고, GDP 갭이 제로가 된다고 본다. 그런데 이렇게 보면, 1991년 이후의 장기경향이 잠재 GDP를 계속 밑돌았던 상황을 설명할 수 없다. 즉 경제학적으로 정상상태에 이르러도 수요부족이 해결되지 않는다. 표준적인 거시경제학에서 중요한 기둥을 이루는 '자연실업률 가설'이 흔들리는 것이다.

자연실업률 가설

밀턴 프리드먼은 '장기적 실업률은 물가상승률(인

플레이션율)에 따르지 않는 자연실업률 수준이 될 것'이라고 주장했다. 자연실업률은 수요부족으로 인한 실업이 없을 때의 실업률이다. ('가격이 완전히 신축적일 때 성립하는 실업률'이라고 정의하는 것이 더 적당하지만, 여기서는 이해를 돕기 위해 편의상 이렇게 정의했다.)

예를 들어 경기가 매우 좋다고 해도, 건강 문제라든지 새로운 도전을 위한 준비 등 개인적인 이유로 실업 상태로 들어갈 수 있다. 즉 수요가 부족하지 않아도 생기는 적은 수의 실업자는 있게 마련이다. 이런 사람들 말고는 실업자가 없을 때, 자연실업률이 나타난다. 만약 실업률이 자연실업률 수준이라면, GDP가 잠재 GDP 수준에 있는 것과 대체로 같다고 보아도 좋다.

경제학에서 물가상승률과 실업률의 관계를 정리한 것을 '필립스 곡선'이라 부른다. 밀턴 프리드먼은 단기적인 필립스 곡선은 〈그림 3-2〉처럼 오른쪽 아래로 향하지만, 장기적으로는 〈그림 3-3〉처럼 자연실업률 수준에서 수직으로 설 것이라 생각했다.[Friedman 1977] 프리드먼에 따르면, 노동시장의 수급은 '실질임금'이 늘어나고 줄어듦에 따라 조정된다. 실질임금은 임금의 실제

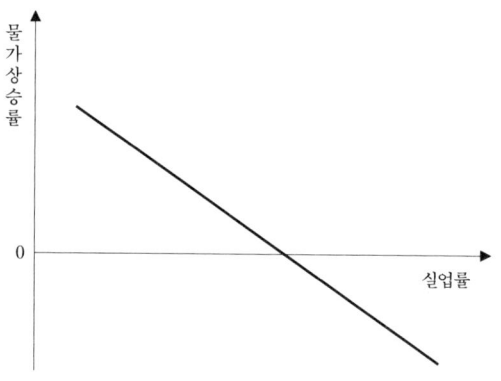

그림 3-2 단기 필립스 곡선

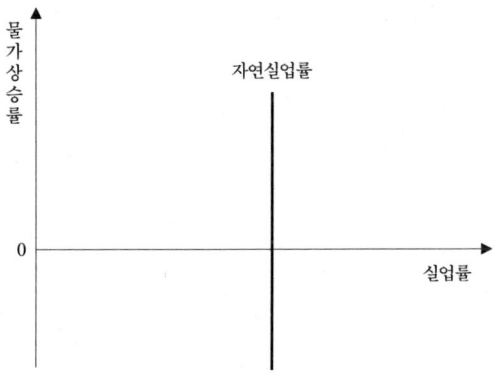

그림 3-3 장기 필립스 곡선

가치를 뜻하고, 명목임금은 구체적인 급여액(예를 들어 200만 원)을 가리킨다. 그래서 실질임금 = $\frac{명목임금}{물가}$ 이라는 공식을 쓸 수 있다.

실질임금은 그 돈으로 얼마나 많은 물건을 살 수 있는지를 보여준다. '우마이봉(うまい棒)'은 도라에몽과 비슷하게 생겼지만 도라에몽이 아닌 캐릭터가 포장지에 그려진 맛있는 과자다. 만약 세상에 2,000원짜리 우마이봉 과자만 있다면, 월급여로 200만 원을 받는 직장인의 실질임금은 우마이봉 1,000개다.

실질임금이 높으면 급여액을 실제로도 많이 주는 것이니, 임금을 줄이고 싶어 하는 기업 입장에서는 노동자를 해고하려는 경향이 커진다. 반대로 실질임금이 낮으면 급여액이 실제로 낮아지는 것이니, 기업이 노동자 고용을 늘리려는 경향이 커진다. 따라서 실업률이 자연실업률보다 높으면, 실질임금이 내려가고 고용이 늘어나면서 실업률은 낮아진다. 반대의 경우도 마찬가지다. 실업률은 늘 자연실업률 수준으로 모이려고(회귀하려고) 한다. 만약 이런 식의 조정이 매 순간 이루어진다면 노동시장의 수급은 늘 균형을 이룰 것이다. 물론 수요부족으로 인한 실업도 없을 것이다.

노동자나 노동조합이 실질임금을 지키려면, 물가가 올라가는 만큼 임금을 올려줄 것을 요구해야 한다. 그러나 노동자와 노동조합이 물가상승률을 잘못 예측하고 많은 임금을 요구할 수도 있다. 이렇게 되면 자연실업률보다 더 높은 실업률을 일으키는 실질임금이 형성될 수 있다.

그러나 노동자와 노동조합이 언제까지나 예측을 잘못할 리는 없다. 노동자와 노동조합이 물가상승률을 제대로 예측하면, 이에 맞춰 타당한 액수의 명목임금을 요구할 것이다. 이제 실업률은 자연실업률 수준으로 돌아간다. 단기적으로 노동자와 노동조합이 물가상승률을 잘못 예측할 수 있기 때문에 자연실업률에서 멀어지기도 하지만, 장기적으로 보면 노동자와 노동조합이 제대로 예측할 것이기 때문에 자연실업률이 실현된다는 것이다. 여기까지가 밀턴 프리드먼의 비현실적인 설명이다. 미래에 대한 잘못된 예측이 자연실업률과 멀어지게 되는 원인이다? 그렇게 볼 수는 없다.

일본의 잃어버린 20년, 특히 1998년 이후 디플레

이션 불황이 심각해지는 과정에서 매년 디플레이션이 계속될 것이라고 예측했다. 예측이 계속되다보니 불황에 대한 예측이 정착되는 듯한 느낌까지 주었다. 그런데 예측대로 정말 디플레이션이 고착되었다. 이 기간 동안 실업률은 자연실업률과 멀어져갔다.

밀턴 프리드먼이 세운 모델은 처음부터 현실적이지 않았다. 실업률에 영향을 주는 중요한 요인은 '실질임금이 올라가는지 내려가는지'가 아니라 '수요가 늘어나는지 줄어드는지'이다. 실업률은 경기변동에 영향을 받는다. 경제를 실증적으로 분석하는 경제학자나 이코노미스트 가운데 수요가 늘어나고 줄어드는 것이 실업률을 결정한다는 사실을 부정하는 사람은 거의 없을 것이다.

존 메이너드 케인스는 자신의 책 『고용, 이자, 화폐의 일반이론』에서 케인스 이전의 경제학을 '고전파'라고 부르며 비판했다. 고전파 경제학은 다음과 같은 영향 관계가 있다고 생각했다.

실질임금 → 고용의 양 → 공급량 → 수요량

케인스는 이를 뒤집었다.

수요량 → 공급량 → 고용의 양 → 실질임금

19세기 프랑스의 경제학자 장 밥티스트 세(Jean Baptiste Say)는 '공급은 스스로 수요를 만들어낸다'고 주장했다. 고전파 경제학은 공급이 수요를 결정한다는 세의 주장을 법칙으로 받아들였다. 그런데 케인스가 고전파 경제학의 기본 법칙을 뒤집은 것이다.

사실 거시경제학은 케인스로 인해 태어난 셈이다. 『고용, 이자, 화폐의 일반이론』이 세상에 나오기 전에는 세의 법칙이 경제학에서 지배적이었다. 세가 공급이 늘어나면 장기적으로 실업은 있을 수 없다고 했으니, 고용 등에 관심을 갖는 거시경제학은 필요가 없었다. 많은 사람들은 『고용, 이자, 화폐의 일반이론』으로 경제학의 모습을 바꾼 것을 '케인스 혁명'이라고 부른다. 그리고 케인스 혁명을 둘러싸고 벌어진 수많은 토론이 산처럼 쌓여 있다. 내가 생각하는 혁명의 핵심은 케인스가 뒤집어버린, 위에서 말한 영향 관계의 역전이다.

밀턴 프리드먼은 케인스를 다시 뒤집어 고전파적인 관점을 살려냈다. 나는 이것이 경제학의 진보를 거꾸로 되돌렸다는 것 말고 다른 의미는 없다고 본다. 그런데 밀턴 프리드먼의 생각을 더욱 밀어붙인 합리적 기대론이 한 세대를 휩쓸었다.

합리적 기대론은, 사람은 자신이 가진 정보를 모두 이용해 미래를 '예측해서 행동'하기 때문에, 정부가 어떤 경제정책을 써도 효과가 없을 것이라고 본다. 사람들이 정부의 경제정책을 예측해 대응하는 방식으로 행동하면 정책은 효과를 보기 어렵다. 지금 거시경제학의 주류라고 할 수 있는 새 케인스 학파도 합리적 기대론의 영향을 받았다.

나는 고전파 경제학의 인과관계를 뒤집은 케인스의 생각이 현실적이고 타당하다고 생각한다. 새 케인스 학파가 합리적 기대론을 절반쯤 이어받는 바람에 생겨난 프레임에는 문제가 있다. 반대로 경제학사(經濟學史)에서 케인스를 절반쯤 부활시켜, 그에 따라 경제 모델을 만들고 있는 정도의 공은 인정해줘야 할 것이다.

피구 효과

현재 표준적 거시경제학에서는, 케인스가 제시한 유효수요의 원리는 단기적으로 작용하고, 공급이 수요를 만들어낸다는 세의 법칙은 장기적으로 적용된다는 의견이 대세다. 대세가 이렇다보니 '케인스도 단기적으로만 수요부족이 있을 것이라 생각했다'고 오해하는 경제학자가 적지 않다. 그러나 케인스는 그렇게 생각하지 않았다. 케인스의 주장에 따르면, 현실 경제 시스템에서는 자율적 조정 작용이 이루어지지 않으며, 장기적으로 수요부족이 나타날 수 있다.

아서 피구(Arthur Pigou)는 케인스와 같은 시대 경제학자다. 피구는 케인스가 제시한 경제 시스템에서도 자율적인 조정 작용이 이루어진다고 보았다. 이 조정 작용을 '피구 효과'라 부른다.[Pigou 1943, 1947] 피구 효과는 '수요가 부족하면 상품가격이 내려가는데, 이렇게 되면 소비자는 자신이 가진 돈으로 더 많은 상품을 살 수 있게 되는 셈이다. 그러면 소비수요가 늘어난다'로 정리할 수 있다. 나는 피구 효과가 화폐경제의 불균형을 조정하는 중요한 움직임이라고 생각하지만, 이를 다루는 교과서는 별로 없다.

피구 효과는 앞에서 말했던 자산효과와 같은 결과를 낸다. A에게 100만 원이 있다면 A의 '명목화폐 잔고'는 100만 원이다. 명목화폐 잔고가 있으니 실질화폐 잔고도 있다. 실질화폐 잔고는 가지고 있는 돈의 실제 가치다. 이렇게 보면, 실질화폐 잔고 $= \dfrac{\text{명목화폐 잔고}}{\text{물가}}$ 라는 공식을 세울 수 있다. 자산효과는 A의 명목화폐 잔고가 100만 원에서 120만 원으로 늘어남에 따라 실질화폐 잔고가 증가하고 소비수요도 늘어나는 효과다. 반대로 피구 효과는 물가가 내려가면 실질화폐 잔고가 늘어나 소비수요가 증가하는 효과다. 어떤 경우에는 피구 효과를 자산효과라고 부르기도 하지만, 이 책에서는 둘을 다른 개념으로 사용한다.

'디플레이션 상황에 왜 경기가 나빠지는가?'라는 질문에, '기다리다 보면 상품가격이 더 떨어질 것이므로 소비를 미루는 경향이 커지기 때문'이라고 답하기도 한다. 그러나 이는 한쪽 면만 보는 것이다. 디플레이션으로 상품가격이 내려가면 피구 효과로 소비수요가 늘어나는 경향도 있기 때문이다. 좀더 일반적으로 나타나는 경향은 피구 효과로 소비수요가 늘어나는 것이다. 적어도 장기적으로는 그렇다. 이를 증명하려면 수학이 필요하지만, 여기서는 말로 설명을 해보자.

'소비를 미루는 경향이 커진다'고 할 때, 물가가 내려가 수요가 줄어들면 시간이 지날수록 물가는 더 내려갈 것이다. 이른바 디플레이션 악순환 사태다. 이 악순환이 극단적으로 진행되면 1억 원짜리 고급차를 100만 원에 산다거나, 한 테이블에 50만 원 정도하는 최고급 셰프 메뉴를 5만 원에 먹을 수도 있다. 즉 디플레이션 악순환이 일어나기 전에는 감히 구입을 생각하지 못했던 차를 사러 갈 수도 있다. 먹으러 갈 꿈도 꾸지 못했던 비싼 메뉴였지만, 디플레이션 악순환이 계속되고 있다면 사람들은 이 맛집에 갈 수 있게 된다. 소비수요가 늘어나는 것이다.

즉 디플레이션이 진행되어도 소비수요가 줄어들지 않는다고 볼 수 있는데, 이는 '소비를 미루는 경향이 강해진다'는 전제가 잘못되었기 때문일 수 있다. 피구 효과가 작용하고 있다면, 정상상태에서의 수요부족은 반드시 해소될 것이다. 바꾸어 말하면 장기적인 수요부족은 있을 수 없다. 그런데 〈그림 1-3〉을 보면, 1991년 이후 그래프에서 나타나는 것처럼 현실에는 장기적인 수요부족이 발생한다. 왜 피구 효과가 작용해도 장기적인 수요부족이 발생하는 것일까?

화폐의 장기적 중립성

1991년 이후 그래프처럼 현실에서 나타나는 장기적 수요부족은 '화폐의 장기적 중립성 가설'과 관계가 있다. 화폐의 중립성은 세상에 유통되는 화폐의 양을 변화시켜도 실질 GDP나 고용량 등의 실질적인 값에는 아무 영향이 없다는 것이다. 이러한 생각을 '화폐 베일(veil) 가설'이라고도 부른다. 화폐 베일 가설은 화폐의 양을 늘려도 물가만 올라갈 뿐 경기가 좋아지지 않는다는 주장이다. 화폐 베일 가설은 경제학을 접할 기회가 없었던 사람에게 설득력이 있다. 그런데 경제학을 열심히 공부한 현대 경제학자들도 화폐가 단기적으로는 중립적이지 않지만, 장기적으로 중립적이라고 보는 편이다. 유명한 경제학자들의 말을 들어보자.

"우리가 지금까지 봐온 모든 모델은 화폐가 장기적으로 중립적이라고 가정한다. (이것은) 경험적인 증거는 아니고 이론적 분석을 바탕으로 한다. 꽤 많이 신앙에 가깝다."
_올리비에 블랑샤르(Olivier Jean Blanchard) [Blanchard 1990]

"데이비드 흄 같은 고전파 경제학자들은 화폐가 장기적으로 중립적이지만 단기적으로는 중립적이지 않다고 주장했다. 새 케인스 학파는 바로 이런 주장을 바탕으로 한다."
_그레고리 맨큐(Gregory Mankiw) [Mankiw 1992]

블랑샤르와 맨큐 모두 주류 새 케인스 학파로 분류된다. 화폐가 '단기적으로도 중립적'이라고 주장하는 경제학자들도 어느 정도 있지만 다수파는 아닌 듯하다.

반대로 '화폐는 장기적으로도 중립적이지 않다'고 적극적으로 주장하는 경제학자들은 아주 드물다. 일본에서는 나를 포함해 손으로 꼽을 정도며, 전 세계적으로도 많지 않다. 이런 주장을 펴는 경제학자 가운데 그나마 유명한 사람으로는 노벨경제학상을 탄 조지 애컬로프(George Arthur Akerlof) 정도가 있다.

화폐가 장기적으로 중립적이지 않다는 점을 직관적으로 이해시키는 일은 비교적 간단하다. 만약 화폐가 장기적으로 중립적이라면 앞으로 30~40년 동안, 시중에 나도는 돈의 양을 꾸준히 줄여나가도 장기적으로는 경제성장이나 고용에 아무 영향이 없을 것이다. 그런데 이런 가정에 동의하면서까지 화폐의 장기적 중립성을 용감하게 주장할 경제학자가 있을까? 아마 거의 없을 것이다. 많은 경제학자들은 화폐가 장기적으로 중립적이라고 주장하지만, 자신들의 직관에 반하는 주장이다.

반대로 '경제 규모의 커지면 화폐량도 늘려야 한다'는 주장에 반대하는 경제학자는 얼마 없을 것이다. 경제학 교과서들도 이런 화폐를 '성장화폐'라고 부르며 당연한 것으로 여긴다. 그런데 화폐가 장기적으로 중립적이라면 성장화폐도 필요 없을 것이다. 장기적인 실물경제에 아무 영향이 없으니 화폐량이 늘어나든 줄어들든 문제가 되지 않을 것이다. 그래서 성장화폐가 필요하다고 하면 화폐의 장기적 중립성은 부정된다.

화폐의 장기적 중립성은 역사적 사실에도 반한다. 실제로 화폐의 양이 장기적으로 줄어들었던 때가 있었는데, 이때 심각한 디플레이션 불황도 꽤 오랫동안 계속되었다. 예를 들어 14세기와 15세기 유럽에서는 200년 가까이 화폐가 부족한 상황이 계속되었다. 당시 디플레이션 불황이 이어졌는데, 이를 '금대기근'(金大飢饉, The Great Bullion Famine)이라 부른다.[Day 1978] 금화와 은화가 부족했던 상황은 '동방과의 무역 불균형', '귀금속 축적', '금화와 은화 마모절취', '은 부족' 등 당시에 벌어졌던 일들과 관계가 깊다.

귀금속 축적은 금이나 은으로 만든 화폐를 유통시키지 않고 장식품처럼 모아두는 일을 뜻한다. 금화와 은화 마모절취도 비슷한 맥락이다. 금화와 은화의 테두리를 조금씩 깎아내어 이것을 훔치는 일이 잦았다. 지금도 동전 테두리에 톱니모양이 새겨져 있는 것은 이런 마모절취를 막으려는 전통이 관습으로 남아 있는 것이다.

이는 모두 동방과의 무역 불균형에서 비롯된 일이다. 중세 유럽에서 향신료, 비단, 면화, 향수 등은 이슬람 문명 지역을 비롯해 인도와 중국에서 수입하는, 비싸지만 인기가 좋은 상품이었다. 그런데 유럽에서 이들 지역에 수출할 수 있었던 것은, 아프리카 대륙에서 사람을 사냥해와서 노예로 파는 것과 플랑드르 지역의 양털 모직물 정도였다. 마땅히 내다 팔 상품이 없었던 유럽은 산업혁명이 일어나기 전까지 만성적인 무역적자 상황에 놓였다.

수입품의 대금으로 금화, 특히 은화를 썼는데 이 때문에 엄청나게 많은 은이 유럽에서 동방으로 흘러나갔다. 금화와 은화가 귀해지면서, 즉 가치가 끝없이 올라가면서 모두들 금과 은을 집안에 숨겨두고, 우연히 얻은 금화와 은화의 테두리를 깎아내어 훔쳤던 것이다.

화폐가 계속 부족해지자 상업이 정체되며, 전반적으로 경제가 쪼그라드는 디플레이션 상황이 되었다. 엎친 데 덮친 격으로 전 세계적으로 기후가 한랭해지면서 농업 생산이 줄어들었고, 유럽 지역에서는 흑사병까지

유행했다. 이런 일들이 동시다발적으로 일어났던 14세기를 '중세의 가을'이라고 부르기도 하는데, 역사학자들은 유럽에서 일어난 초대형 위기 가운데 하나로 14세기의 위기를 꼽기도 한다.

유럽의 화폐 부족 문제는 16세기가 되면서 풀리기 시작한다. 식민지로 삼았던 아메리카 대륙에서 대형 은광산들이 발견되었기 때문이다. 지금의 멕시코와 페루에 해당하는 지역에서 캐낸 은을 유럽으로 들여오자 인플레이션이 일어나기 시작했고, 장기간에 걸친 호황과 상공업 발달의 배경이 되었다. 그래서 16세기 유럽의 번영을 부르는 다른 말이 바로 '가격 혁명'이다.

그러나 아메리카 대륙에 묻혀 있던 은을 거의 다 캐내버린 17세기가 되자, 다시 화폐가 부족해지는 상황이 온다. 공교롭게도 기후가 다시 한랭해지면서 농업에서 불황이 시작되고, 경제는 지속적으로 정체되었다. 이는 사회가 불안해지는 계기가 되었고, 곳곳에서 혁명이 일어나게 된다. 유럽이 맞은 '17세기의 위기'다.

화폐의 부족에서 비롯한 위기는 화폐를 채우면서 해결의 실마리를 찾았다. 18세기 들어 브라질에서 금광을 새로 찾는 등, 기존 화폐의 부족을 메울 수 있는 일들이 생겼다. 그러나 근본적으로는 지폐와 예금화폐와 같은 신용화폐가 화폐 부족 문제를 푸는 해결사로 나서면서부터 유럽은 위기에서 벗어난다.

비슷한 예는 또 있다. 17세기 중국은 청나라가 다스리고 있었다. 청나라의 네 번째 황제였던 강희제(康熙帝)는 40년 정도 해금정책(海禁政策), 즉 쇄국정책을 실시했다. 원래 유럽 사람들은 중국의 도자기나 차 같은 상품을 사가면서 은을 냈다. 은이 계속 들어오니 중국에서 은을 화폐로 쓰는 데 어려움이 없었다. 그런데 쇄국정책을 펴 중국 물건을 유럽 사람들이 사기 어렵게 되자, 중국으로 들어오던 은의 양도 줄어들었다. 이것이 '곡천(穀賤)'이라 부르는 디플레이션 불황이었다.[岸本 1997]

17세기 말, 강희제의 해금정책이 풀리고 은이 다시 중국으로 들어올 수 있게 되면서 화폐 부족 문제도 풀리기 시작했다. 이제 은, 즉 화폐가 계속 늘어날 수 있게 되었고 장기간에 걸친 인플레이션도 일어났다. 생산이 늘어나고 인구 또한 폭발적으로 늘었다. 중국 인구가 수억

명 수준으로 늘어나게 된 때가 바로 이 시기부터다.

여러 역사적인 사례들은 화폐의 뚜렷한 증가가 장기적 호황과 경제성장의 한 요인이 되며, 인구가 늘어나는 데까지 영향을 준다는 것을 보여준다. 나와 동료 학자들은 낮은 화폐성장이 산출 격차를 불러와 장기적으로 경제성장률을 낮추는 메커니즘도 찾았다.[Shinagawa and Inoue 2016] 더불어 최근에는 화폐가 장기적으로 중립적이지 않다는 것을 보여주는 실증적이고 전문적인 경제학 논문들이 발표되고 있다.[Akerlof, et al. 1996; Benigno and Ricci 2008]

화폐의 장기적 비(非)중립성

역사적인 사례가 여럿 있지만, 학자들이 자기 주장을 철회하게 하는 데는 부족할 수 있다. 화폐가 장기적으로 중립적이지 않다는 이론적 근거를 찾아야 한다. 새 케인스 학파가 화폐의 단기적으로는 중립적이지 않다고 보는 것은 '명목경직성' 때문이다. 가격이나 명목임금처럼 명목 값은 쉽게 바뀌기 어렵다는 뜻이다. 특히 명목임금은 하방경직적, 즉 내리기 어렵다고 평가받는다. 월급이 200만 원인 노동자에게 '다음 달부터 월급을 180만 원으로 내리겠다'고 말하면 노동조합이 있는 곳이라면 당장 난리가 날 것이고, 노동조합이 없다고 해도 불평불만이 폭풍처럼 일어날 것이다. 숫자로 정해진 임금, 즉 명목임금은 그렇게 간단히 줄일 수 없다.

이는 사람들이 임금의 액면 금액 같은 명목 값에 집착하는 '화폐 환상(착각)'과 관계가 있다. 앞서 맛을 보았던 우마이봉(うまい棒)을 다시 등장시켜보자. 세상에 2,000원짜리 우마이봉 과자만 있다면, 월급이 200만 원인 노동자의 실질임금은 우마이봉 1,000개다. 만약 월급이 180만 원으로 떨어졌는데, 우마이봉 값도 1,800원이 되었다면 실질임금은 여전히 우마이봉 1,000개이기 때문에 달라진 것은 없다. 그러나 사람들은 임금의 액면 금액을 먼저 떠올리므로 화를 내게 된다는 것이다.

행동경제학의 창시자로 노벨경제학상을 수상한 대니얼 카너먼(Daniel Kahneman) 등의 실험에서도 이런 사실이 밝혀진다.[Kahneman, *et al.* 1986] 사람들에게 두 가지 상황을 보여주고, 어떤 상황이 바람직한지 고르게 했다. 상황 A는 물가상승률이 12%이고 명목임금 상승률이 5%다. 상황 B는 물가상승률이 0%이고 명목임금 상승률이 -7%다. 설문조사 결과, 꽤 많은 사람들이 상황 A가 바람직하다고 답했다. 실질임금 상승률은 똑같이 -7%였지만, 월급의 액면 금액이 줄어드는 것을 싫어했다. 모든 것 가운데 월급이 가장 늦게 올라가는 것만 같은 기분은, 이런 점을 생각하면 기분이 아니라 사실이 된다. 임금의 액면 금액은 한 번 올리면 다시 내리는 것이 매우 어려우니, 기업들은 아예 처음부터 임금을 덜 올리려고 한다.

명목임금만큼은 아니지만 상품가격도 바꾸기가 쉽지 않다. 매일같이 가격표를 바꾸어 달거나, 메뉴판을 새로 만들어야 하는 것이 수고롭기 때문이다. 그레고리 맨큐는 이처럼 가격을 바꾸는 데 들어가는 노력을 '메뉴비용'이라고 부른다. 한편 임금이 내려가지 않는다면, 상품이 안 팔릴 때 상품가격만 내릴 수는 없다. 적자가 나기 때문이다. 역시 경직성의 요인이다.

명목경직성이 있다는 것은 피구 효과가 매 순간 일

어나지 않는다는 뜻이다. 수요부족이 생길 때 상품가격을 바로 낮출 수 있다면, 피구 효과가 일어나 수요부족이 바로 해결될 것이다. 그런데 임금이 하방경직되어 있다면 상품가격을 낮추기도 어렵다. 적어도 단기적으로는 수요부족이 생긴다.

그렇다면 이때, 실질화폐 잔고 = $\frac{명목화폐 잔고}{물가}$ 공식을 다시 꺼내보자. 공식의 왼쪽, 즉 실질화폐 잔고를 늘리려면 공식의 오른쪽 값을 키워야 한다. 일단 분모에 있는 물가를 내리기는 힘들다. 그렇다면 분자에 있는 '명목화폐 잔고'를 늘리는 방법이 가능하다. 이렇게 하면 실질화폐 잔고를 늘리고, 피구 효과와 같은 자산효과를 일으킬 수 있다. 결과적으로 소비수요가 늘어날 것이다. 즉 화폐는 단기적으로도 중립적이지 않고, 화폐량을 늘리는 정책은 효과적이다.

새 케인스 학파는 명목경직성이 장기적으로 사라질 것이라고 본다. 이는 그저 막연한 기대일 뿐이다. 원초적인 새 케인스 학파 모델에서는 장기적으로도 명목경직성이 남아 있었다. 그러나 원초적인 모델을 유지하면 화폐의 장기적 중립성이 성립되지 않고, 자연실업률 가설도 무너진다. 이런 결과를 알고 있어서인지 원초적인 모델에 대해서는 별로 논의를 하지 않고, 장기적으로는 명목경직성이 사라지는 모델을 슬쩍 사용하고들 있다.

새 케인스 학파 사람들은 장기적으로 명목경직성이 사라지는 이유를 공개적으로 논의하고 정확하게 설명해야 한다. 어쩌면 중심적 교의인 자연실업률 가설을 지키려고, 장기적 경직성을 비밀리에 암묵적으로 지워버렸는지도 모른다.[McCallum 2004] 그런 점에서 블랑샤르가 '신앙적 문제'라는 말한 것은 매우 적절하고 훌륭한 표현이다. 자연실업률 가설이나 화폐의 장기적 중립성을 주장하는 것은 종교적 신앙과 비슷하며, 별다른 과학적인 근거는 없는 듯하다.

물론 화폐 환상(착각)이 장기적으로 사라질 것이라는 근거 역시 어디에도 없다.[10] 대니얼 카너먼 등이 했던 실험은, 화폐의 중립성이 장기든 단기든 성립할 이유가 없다는 점을 암시한다. 적어도 명목임금의 하방경직성은 장기적으로도 계속 남아 있을 것이고, 그렇기 때문에 화폐의 장기적 중립성도 성립하지 않을 것이다.

화폐성장과 기술적 실업

약간 복잡해지는 듯하지만, 지나칠 수 없는 이야기가 하나 있다. 화폐의 장기적 중립성이 성립하지 않는다고 해서, 항상 장기적 수요부족이 발생하는 것은 아니다. 즉 모델의 정상상태에 명목경직성이 남아 있어도, 피구 효과로 인한 수요부족 해결을 방해하는 요인이 없다면 수요부족은 정상상태로 해결할 수 있다. 공급이 일정하다고 가정하면, 수요를 줄이는 다른 요인이 없으면 수요부족 문제는 결국에는 풀린다.[11]

그러나 화폐량이 계속 줄어드는 모델에서는 정상상태에서도 수요부족 문제가 풀리지 않는다.[吉田 2000, 2003] 다시 한 번, 실질화폐 잔고 $= \dfrac{\text{명목화폐 잔고}}{\text{물가}}$ 공식을 살펴보자. 어떤 이유로 물가가 떨어지는 바람에 모처럼 실질화폐 잔고가 늘어날 수 있는 기회가 생겼다. 그런데 명목화폐 잔고가 줄어들면 이 값을 상쇄해 실질화폐 잔고가 줄어들고 피구 효과가 생기지 않는다. 정상상태에서 명목경직성이 없다면 화폐는 장기적으로 중립적이기 때문에, 화폐량 감소는 장기적으로 아무런 영향력을 갖지 못한다. 수요부족 문제를 푸는 것을 방해한다.

피구 효과로 인한 수요부족를 해결하려고 할 때, 이를 방해하는 장애물은 하나 더 있다. 바로 공급이 끝도 없이 늘어나는 경우다. 예를 들어 자본의 변동은 없고, 인구가 일정한데, 기술이 계속 발전해 공급도 계속 늘어나는 경우를 가정해보자. 이때는 피구 효과로 수요가 커져도 공급이 함께 커지고 있기 때문에, 수요는 공급을 따라잡지 못할 것이다. 만약 명목경직성이 정상상태에서 사라진다면, 순식간에 조정되며 수요가 공급을 따라잡을 수 있다. 단 명목경직성이 사라지지 않는다면 (즉 화폐량이 일정하다고 하면) 정상상태에 이르러도 수요부족은 해결되지 않는다.

그런데 이 모델에서도 화폐량을 늘리면, 실질화폐 잔고 $= \dfrac{\text{명목화폐 잔고}}{\text{물가}}$ 공식에서 명목화폐 잔고가 늘어나므로 실질화폐 잔고도 늘어난다. 수요가 공급을 추격할 가능성이 있다. 화폐량을 얼마나 늘리면 될까? 이 단순한 모델에서는 기술진보율과 화폐성장률을 같게 유지해야 한다. 화폐성장률은 화폐량이 늘어나는 비율이다.

화폐량은 일정한데 기술진보율이 1~2% 올라간다면, 장기적으로 수요부족으로 인한 실업과 디플레이션이 나타날 수 있다. 즉 기술진보율이 올라가면 장기 실업이 늘어난다. 이렇게 기술진보로 인한 실업을 '기술적 실업'이라고 부른다. 나는 적어도 이론적으로는 기술적 실업이 장기화될 것이라고 본다.

기술적 실업의 장기화

그러나 장기적인 기술적 실업의 가능성에 대해, 많은 경제학자들 '노동총량불변의 오류(the lump of labour fallacy)'라며 부정한다. 많은 경제학자들 말하는 노동총량불변의 오류는, '필요 노동력은 일정한 덩어리(총량)로 존재하는데, 생산 효율화가 이루어지면 그만큼 노동자가 불필요해져 실업이 늘어날 것이라는 생각이 오류'라는 것이다. 보통 경제학에서는 기술적 실업을 '마찰적 실업'으로 본다. 마찰적 실업은 다니던 직장을 그만두고 다른 일자리를 얻기까지 시간이 걸리면서 생기는 실업, 즉 이직하는 기간에 발생하는 실업이다. 그렇다면 마찰적 실업으로서의 기술적 실업은 어떻게 일어나는가?

기술진보는 생산의 효율성을 높여 공급력을 늘린다. 얼마 전까지 3명이 자동차 1대를 만들었는데, 새 기계를 들여와 2명이 1대를 만들 수 있게 되었다. 이를 '노동절약형 기술진보'라고 부른다. 3명이 만들던 자동차를 2명이 만들 수 있게 되었으니, 생산성은 1.5배가 늘었다. 만약 자동차의 수요가 1.5배 늘어나면, 즉 많이 만든 만큼 자동차가 많이 팔리면 실업은 발생하지 않는다. 그런데 자동차 수요가 늘어나지 않으면 3명 중 1명은 직장을 잃을 것이다. 이 경우에도 자동차 공장에서 실직한 1명이 다른 직장을 구할 수 있다면 실업이 발생하지 않는다. 예를 들어 자동차 공장을 그만둔 노동자가 동료 노동자들의 피로를 풀어주는 마사지 숍에 취직한다면 실업은 해소된다. 이때 자동차 공장에서 마사지 숍으로 옮겨가는 동안 해당 노동자는 실업 상태에 있는데, 이것이 '마찰적 실업으로서의 기술적 실업'이다.

즉 이렇게 기술적 실업을 마찰적 실업으로 유지하

려면 조건이 필요하다. 공급력이 커지면 수요도 함께 커져야 한다는 것이다. 새 기계를 들여온 자동차 공장의 사례에서는, 자동차에 대한 수요는 늘지 않았지만 마사지사 1명의 공급 서비스만큼 수요는 늘었다. 만약 자동차 공장의 다른 노동자들이 마사지를 받지 않는다면? 공장을 그만둔 노동자는 실직 상태에 빠질 것이다. 수요가 증가하지 않으면 실업은 해결되지 않는다. 그래서 나는 기술적 실업은 '수요부족으로 인한 실업'의 측면이 있다고 본다. 그리고 이번에도 나는 경제학자들과는 입장이 다르다.

공급력이 늘어남에 따라 운 좋게 수요도 따라서 늘어날 것이라는 이론적 근거는 있을까? 공급이 수요를 결정짓는다는 세의 법칙은 '그렇다'라고 설명한다. 그러나 지금의 거시경제학적 분석으로는 단기적으로는 케인스 유효수요의 원리가 적용된다고 본다. 경제학자들은 대부분 이런 경우 수요부족이 발생한다는 것은 받아들인다. 그런데 단기적으로 생겨나는 기술적 실업은 '수요부족으로 인한 실업'이라는 맥락에서도 일어날 수 있다. 이때 거시경제학에서는 기술진보를 장기적 상황에서 일어나는 것으로 보고, 수요부족은 단기적 상황의 것으로 보기 때문에 기술진보와 수요부족이 같은 시간대에 생기지 않는다고 이야기한다. 나는 경제학자들의 이런 주장을 대학원생 시절부터 비판해왔다. 이른바 '장기·단기 분리 프레임'이다.

거시경제학 교과서는 크게 두 부분으로 나뉜다. 1부는 장기 이론, 2부는 단기 이론인데, 기술진보는 1부에 써놓고 수요부족은 2부에 써놓았다. 이런 분리는 1학기와 2학기에 나누어 거시경제학 수업을 진행할 때의 편리함이 있지만, 그렇다고 해서 현실 경제에서도 기술진보와 수요부족이 분리되는 것은 아니다. 수요부족의 발생 기간이 비록 1년 미만이더라도, 그 사이에 기술진보가 없다고는 할 수 없다. 어림잡아 대부분의 나라에서 매년 1% 정도의 기술진보가 발생하는 것으로 본다.

기술진보와 수요부족이 같은 시간대 위에 있다면, 기술진보는 잠재적으로 공급을 증가시키고 수요부족을 불러올 수 있다. 이렇게 보면 기술적 실업은 '수요부족으로 인한 실업'일 수 있다. 단 이 경우에도 화폐가 장기적으로 중립성을 띤다면, 기술적 실업은 장기화되지 않는다. 즉 화폐가 장기적으로 중립적이지 않다면 기술적 실업은 장기적인 문제가 된다.

장기적 수요부족의 해결

현실 경제에서 장기적인 수요부족이 흔하게 발생하지는 않는다. 또한 기술적 실업이 장기화하는 일도 그리 많지 않다. 이는 장기적인 수요부족을 해결할 수단이 있기 때문이다. 바로 화폐량의 증가다. 기술진보율과 화폐성장률을 비슷한 수준으로 맞추면 장기적인 수요부족을 해소할 수 있다. 예를 들어 기술진보율이 1%인데 화폐성장률이 1%보다 높다면 장기적인 수요부족은 해소된다. 만일 기술진보율만 높아지고 화폐성장률은 계속 낮다면 장기적인 기술적 실업이 생긴다.

즉 정책 당국이 개입하지 않는 자유방임경제에서는 반드시 기술적 실업이 발생한다. 화폐가 중립적이지 않은 경제체제에서는 원래부터 자유방임은 없다. 화폐가 중립적이지 않은 경제체제에서는 중앙은행이 화폐량이나 화폐성장률을 어떤 수준으로 할지 결정해야 하기 때문이다. 중앙은행이 경제에 전혀 개입하지 않는 경우는 생길 수 없다. 경제학자 그레고리 맨큐와 데이비드 로머의 말을 들어보자.

> "아마도 보통 때는 보이지 않는 손이 경제를 잘 이끌 것이다. 그러나 보이지 않는 손은 마비되기 쉽다. 대공황 같은 사건은 다른 이론, 즉 거대한 규모의 시장실패를 설명할 수 있는 이론을 필요로 한다." [Mankiw and Romer 1991]

이런 생각은 경제학자들 사이에 널리 퍼져 있다. 그러나 나는 '보통 때는 보이지 않는 손이 경제를 잘 이끌 것이다'라는 주장부터 반대한다. 왜냐하면 보이지 않는 손으로 조정되는 경제는 지금까지 어디에도 없었기 때문이다. 현실 경제에서는 늘 정책 당국의 '보이는 손'이 화폐량을 조절한다. 보이는 손이 화폐량을 끊임없이 늘려야만 장기적인 수요부족과 기술적 실업 문제를 해결할 수 있다.

기술진보가 멈추지 않고 계속되는 근대 이후의 경제는, 기술적 실업의 위기를 계속 맞이해야 했다. 그러함에도 장기간에 걸친 기술적 실업이 눈에 보이지 않는 이유는, 화폐량이 늘어나면서 위기가 해결되고 위험성이 드러나지 않았기 때문이다. 그런데 화폐성장률이 낮아지면 위기가 드러나면서 심각한 경제 문제가 된다.

디플레이션 불황은 기술적 실업과는 아무 관계가 없는 경제 현상으로 여겨지는 것이 일반적이지만, 나는 이를 기술적 실업과 한몸인 관계라고 생각한다. 기술진보율이 높아지면 기술적 실업이 발생한다고 볼 수 있으며, 화폐성장률이 낮아지면 디플레이션 불황이 발생한다고 볼 수 있다. 모든 문제가 기술진보율과 화폐성장률의 괴리에서 비롯된다.

굴곡진 장기 필립스 곡선

화폐성장률이 기술진보율을 밑도는 현상이 장기화되면, 그만큼 수요부족으로 인한 실업이 생긴다. 이 경우 기술진보율을 고정시킨다고 가정하고, 화폐성장률과 실업률의 관계를 그래프로 그리면 오른쪽 아래 방향으로 기울어진다. 단순한 이론 모델에서는 화폐성장률과 기술진보율의 차이가 정확하게 물가상승률이다. 화폐성장률이 3%이고 기술진보율이 1%라면, 물가상승률은 2%다. 기술진보율이 일정할 때 화폐성장률이 높을수록 물가상승률은 올라간다.

이 두 가지 사실을 함께 고려할 때, 물가상승률과 실업률의 장기적인 관계를 나타내는 '장기 필립스 곡선'은 〈그림 3-4〉처럼 오른쪽 아래로 기운다. 다만 장기적으로 실업률을 자연실업률보다 낮게 할 수는 없다. 따라서 자연실업률 수준에서 그래프는 수직이 된다. 이런 그래프를 '굴곡진 장기 필립스 곡선'이라고 부르자.[12]

굴곡진 장기 필립스 곡선이 보여주는 것은 물가상승률을 높이는 방식으로 실업률을 장기적으로 자연실업률보다 낮게 유지할 수는 없지만, 낮은 물가상승률은 장기적으로 자연실업률보다 높은 실업률을 가져온다는 것이다. 이런 이론적 결론은 밀턴 프리드먼이 진실의 한쪽 면만 알아맞혔다는 것을 보여준다.

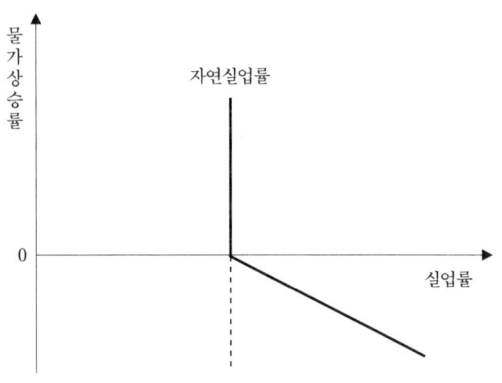

그림 3-4 굴곡진 장기 필립스 곡선

장기간에 걸쳐 실업률을 자연실업률보다 낮출 수는 없으며, 물가상승률이 높을 때 필립스 곡선은 수직이 된다. 따라서 우리가 관심을 가져야 할 것은 물가상승률이 낮을 때, 장기 필립스 곡선이 수직인지 아닌지다. 그런데 이론적으로는 오른쪽 아래로 기운다.

물가상승률이 비교적 높을 때의 자료를 모아 측정하면, 자연실업률 가설에 들어맞는 실증적인 결과가 나온다는 점에 주의하자. 거시경제학은 20세기 후반에 빠르게 발달한 학문이다. 그리고 그 기간에 중요한 나라들의 물가상승률은 비교적 높았다. 따라서 지금까지 실증적 결론이 자연실업률 가설을 지지했다고 해도 별로 이상하지 않다.

그러나 장기 디플레이션 불황을 겪고 있는 일본은 다르다. 장기 필립스 곡선이 오른쪽 아래로 기우는 부분은, 물가상승률이 낮은 부분이라고 생각해야 할 것이다. 게다가 '물가상승률이 낮으면 인플레이션과 실업은 장기적으로 균형(trade-off)을 이룬다'라고 주장하는 실증적 연구가 최근 늘어나고 있다.[Akerlof, *et al.* 1996, Benigno and Ricci 2008] 이는 굴곡진 장기 필립스 곡선은 지금까지 자연실업률 가설이 성립되는 것처럼 보인 것과 모순되지 않는다. 또한 장기적인 디플레이션 불황과 같은 새로운 상황을 포괄할 수 있다. 이는 20세기 후반 물가상승률이 높던 시대에 자연실업률 가설이 성립되는 것처럼 보였던 상황과 오늘날처럼 물가상승률이 낮은 시대에 장기 불황이 나타나는 상황, 두 가지 모두를 설명할 수 있다.

20년을 잃어버렸던 진짜 이유

기술진보율과 같은 정도의 화폐성장률이 필요하다고 했다. 그러나 명목임금이 하방경직적이라는 비대칭성을 계산에 넣으면, 화폐성장률은 기술진보율보다 몇 퍼센트 정도는 높아야 한다. 화폐성장률을 기술진보율보다 3% 정도 올리면, 이론적으로는 3% 정도의 물가상승률이 발생한다.

전 세계적으로 2~4% 정도의 물가상승률이 적당하다고 보는 관점이 많다. 즉 2~4%의 물가상승률을 유지할 수 있을 정도의 화폐성장률이 필요하다. 현재 일본은행(중앙은행)의 목표 물가상승률이 2%인데, 폴 크루그먼은 4%가 적당하다고 주장한다.

물가상승률이 3%, 기술진보율이 1%라고 하자. 그러면 화폐성장률은 이보다 3% 높은 4% 정도여야 한다. 〈그림 2-6〉을 보아도 알 수 있듯이, 대략 1991년 이전에는 7~13% 정도의 화폐성장률(머니 스톡[money stock] 증가율)을 유지해서 화폐량이 충분히 늘어날 수 있도록 했다. 그런데 1991년 즈음부터 장기 불황에 빠지고 난 후, 지금까지 일본의 화폐성장률은 꾸준히 2% 정도에 머물렀다. (최근 몇 년간 약간 높아지고 있지만 말이다.) 즉 화폐성장률을 더 올렸어야 했지만 그렇게 하지 못했던 것이 '잃어버린 20년'의 진짜 원인일 것이다. 화폐성장률이 내려간 계기는 거품의 붕괴다. 거품이 터지면서 화폐성장률은 곧 원래대로 돌아갈 것 같았지만 돌아가지 못했다. 이는 일본 경제가 함정에 빠졌기 때문이다.

제4장 일본 경제는 어떤 함정에 빠졌는가

화폐량이라고 할 때는, 본원통화와 통화량이라는 두 가지 지표를 든다. 2장에서도 말했지만 본원통화는 '현금'과 '지급준비금'를 합한 것이고, '통화량'은 '현금'과 '예금'를 합한 것이다. 그런데 중앙은행이 직접 양을 조절할 수 있는 것은 본원통화뿐이며, 통화량은 시중에 풀린 돈이라 간접적으로만 통제할 수 있다. 어떤 경제학자라도 이 두 가지를 구별할 수 있지만, 어떤 화폐량인지 분명히 하지 않고 이야기를 풀어가는 경우가 제법 많다. 처음부터 통화량 이야기를 하고 있었음에도 불구하고, 어느 순간 슬그머니 본원통화 이야기로 바뀌는 경우도 있다.

화폐량에 대한 가장 흔한 혼란은 '중앙은행이 화폐량을 늘리지만 물가상승률이 올라가지 않는 것은, 화폐수량설이 이제 먹히지 않기 때문'이라고 주장하는 것이다. 화폐수량설은 화폐량이 늘어나면 물가도 올라간다는 매우 당연한 이야기다. 이때 화폐량은 물론 통화량이다.[13] 그런데 중앙은행이 늘려온 화폐량은 본원통화다. 즉 화폐수량설이 안 통한다고 주장하는 사람들은, 사실 본원통화와 물가 사이의 관계를 말하고 있는 셈이다.

화폐수량설이 통하는지 안 통하는지를 따질 때는 통화량과 물가의 관계를 보아야 한다. 통화량이 별로 늘어나지 않은 (통화량의 증가율이 낮은) 상황이라면 물가 상승률이 충분히 올라갈 리 없다. '화폐량을 늘렸는데 왜 디플레이션 불황에서 벗어나지 못하는가?'라는 질문은 본원통화와 화폐량, 본원통화와 통화량의 사이의 관계를 섞어서 말하는 바람에 생긴다. 통화량이 충분히 늘어나지 않는다면 디플레이션 불황에서 벗어나지 못하는 것이 당연하다. 질문을 제대로 하려면, '본원통화를 늘렸는데 왜 통화량이 늘지 않는가?'라고 물어야 한다. 이런 상황은 유동성 함정과 구조적으로 비슷하지만 엄연히 다르다.

유동성 함정과 관련된 화폐량은 통화량을 가리킨다. '통화량을 늘렸는데 이자율이 낮아지지 않고, 투자나 소비가 늘어나지 않는 상황'이 유동성 함정이다. 그런데 지금의 일본 경제는 '본원통화를 늘렸지만 이자율이 낮아지지 않고 통화량이 늘어나지 않는 상황'이다. 나는 지금의 일본 경제 상황을 유동성 함정과 구별하기 위해, '신용창조 함정'이라 부른다. 제로 금리 상황에서 신용창조를 촉진하는 정책 수단을 거의 잃어버리는 바람에 통화량이 늘어나지 않으므로 그렇게 이름을 붙인 것이다.

통화량이 늘어나도 소비수요가 늘어나지 않는 상태는, 모든 사람이 소비에 싫증을 낼 정도로 만족하는 유토피아적 상황이다. 물론 가난해서 소비를 제대로 못 하는 이들이 아직 많은 현대 사회는 유토피아와 거리가 멀다. 따라서 유동성 함정은 아직까지는 상상 속에서만 일어날 수 있는 일이다. 만약 일본 경제가 유동성 함정에 빠졌다면, 헬리콥터 머니로 통화량을 늘려도 수요가 늘어나지 않을 것이다. 이미 모두 충분히 소비를 하고 있으니, 모두 새롭게 늘어난 돈을 쓰지 않고 은행에 넣어둘 것(저축)이기 때문이다.

반면 신용창조 함정에 빠져 있다면 헬리콥터 머니로 통화량을 늘리는 것으로 수요도 늘릴 수 있다. 유동성 함정과 신용창조 함정의 차이를 더 자세히 살펴보자. 우선 유동성 함정에서는 화폐수량설이 통하지 않지만, 신용창조 함정에서는 통한다. 정확히는, 통하지 않는다고 할 수 없다.

거시경제학자라면 '금리가 제로라 신용창조 함정에 빠져 있다면 화폐수량설이 작동하지 않을 것'이라고 생각할 수도 있다. 은행들 사이의 예금과 대출 금리가 제로여도, 민간 경제주체들 사이에 돈을 빌려주고 받을 때 이자가 0이 되지 않는다. 제로 금리 상황에서 신용창조 함정에 빠져 화폐수량설이 안 통할 것이라고 보는 거시경제학자들은, 이 점을 대충 보고 지나친 것이다. 제로 금리 시대이니 소비자 금융(카드론, 저축은행 등)이 우리한테 공짜로 돈을 빌려 줄까? 말도 안 되는 소리다.[14] 마찬가지로 돈이 생겼는데 쓰지 않는 사람이 현실적으로 얼마나 있을까? 문제는 개인이 아니라 은행에 있다.

신용창조의 어려움이야말로 장기 디플레이션 불황의 핵심적 문제다. 따라서 신용창조에 대한 논의를 중심에 놓지 않으면, 디플레이션 불황을 설명할 수도 해결할 수도 없다. 문제의 핵심에 다가가는 준비 단계로, 이 문제에 주목한 경제학자들의 분석을 먼저 살펴보는 것은 도움이 된다. 폴 크루그먼의 '유동성 함정 모델'과 제스 벤하비브 등의 '디플레이션 함정 모델', 두 가지 기념비적인 모델이다.

폴 크루그먼의 유동성 함정 모델

1998년 폴 크루그먼은 「부활이다! 일본의 불황과 유동성 함정의 역습」이라는 논문을 발표한다.[Krugman 1998] 논문의 제목이 장난스럽지만, 일본 경제가 빠진 함정에 관한 가장 유명한 논문이다. 폴 크루그먼이 논문에서 말하고 있는 중요한 개념은 자연이자율(균형실질이자율)이라는, 조금은 애매한 개념이다. 자연이자율의 정의는 여럿인데, 대략 다음 세 가지 정도로 줄여볼 수 있다.

(1) 투자와 저축을 동일하게 만드는 실질이자율
(2) GDP 갭을 0으로 만드는 실질이자율
(3) 정상상태에서의 실질이자율

우선 이 세 가지 실질이자율이 같다고 할 수 있을까? 당장 (1)과 (2)는 거시경제학 교과서를 펼쳐봐도 다른 것으로 나온다.[15] (2)와 (3)도 같다고 할 수는 없다. 정상상태에서 GDP 갭이 0이 되지 않는 경우가 있다면, (2)와 (3)은 같아진다고 할 수 없다. 화폐성장률이 기술진보율보다 낮다면 정상상태에서 GDP 갭이 0이 되지 않는다는 점은 앞에서 살펴보았다. 다만 일반적인 모델에서는 (2)와 (3)은 대체로 같아질 것이다.

폴 크루그먼이 말한 자연이자율(그는 균형실질이자율이라고 썼다)은 주로 (2)의 뜻이었다. 잠재성장률과 기업의 이윤율이 하락하면, (2)의 의미에서의 자연이자율도 내려간다. 자연이자율이 마이너스라면 GDP 갭을 0으로 하기 위해서 실질이자율을 마이너스로 내려야 한다. 정책적으로 직접 바꿀 수 있는 것은 실질이 아닌 명목이자율인데, 금리가 0까지 내려가는 바람에 더 내릴 수 없게 막혀 있다면 명목이자율(=실질이자율+기대물가상승률)을 낮추는 것은 더이상 불가능하다.[16]

이때 (기대)물가상승률이 플러스라면 실질이자율이 마이너스가 될 가능성은 있지만, 물가상승률이 마이너스, 즉 디플레이션이라면 실질이자율을 마이너스로 할 수 없다. 예를 들어 물가상승률이 -1%라면 명목이자율을 0으로 해도 실질이자율(=명목이자율-물가상승률)은 1%다. 이때, 금리정책으로 GDP 갭을 0으로 만들 수 없다. 이것이 유동성 함정이다.

유동성 함정에 빠질 경우, 매입활동을 해도 '원래 이자가 붙지 않는 화폐'와 '이자가 붙지 않게 된 국채'를 교환할 뿐이다. 그러니 단순 금융완화정책은 실질적인 효과가 없다. 본원통화를 늘려도 통화량이 늘어나지 않아 물가상승률을 올라가지 않는다.

이렇게 되면 (기대)물가상승률을 올려 실질이자율(=명목이자율-기대물가상승률)을 낮추는 방법도 고를 수 없다. 남은 방법은 기대에 호소하는(예상을 부추기는) 것이다. 폴 크루그먼은 자연이자율이 내려가는 것은 일시적이라고 봤다. 폴 크루그먼의 생각이 맞다면 언젠가 자연이자율이 다시 높은 수준으로 올라, 경제가 유동성 함정에서 탈출할 수 있을 것이다. 그러니 '유동성 함정에서 탈출한 후에, 필요 이상으로 화폐량을 늘려 물가를 상승시키겠다'라고 약속하면 기대물가상승률도 올라갈 것이다. 실질이자율은 내려갈 것이고, 지금의 유동성 함정에서도 탈출할 수 있을 것이다.

많은 사람들이 폴 크루그먼의 유동성 함정론의 약점으로, 자연실업율이 내려가는 것이 영구적이라면(또 사람들이 영구적이라고 믿는다면), 앞서 말한 탈출 방법은 효력이 없을 것이라고 비판한다. 그러나 이 경우에도 피구 효과로 조만간 수요가 늘어나고, GDP 갭이 해소될 것이다.

그러나 폴 크루그먼이 논문을 쓴 1998년부터 18년이 지났고, 리먼 브러더스 사태가 일어난 2008년부터만 세어도 8년이 지났지만, 아직도 디플레이션 불황에서 완전히 탈출하지 못한 이유가 무엇인지 모른다. 크루그먼이 말한 함정은 생각할 거리를 여럿 던져주지만, 장기적인 수요부족이 함께 일어나는 함정이 아니라는 점에서 깔끔한 설명은 아니다. 게다가 폴 크루그먼의 주장이, 내가 말하는 신용창조 함정인지 아니면 유동성 함정인지 분명치도 않다.

제스 벤하비브 등의 디플레이션 함정 모델

제스 벤하비브 등은 2001년에 「테일러 규칙의 위험성」이라는 논문을 발표한다.[Benhabib, et al. 2001] 장기적인 디플레이션 불황의 이론적 가능성을 보여주었다는 의미에서, 폴 크루그먼의 주장보다 내 생각에 가까운 것 같다.

테일러 규칙은 스탠퍼드 대학에서 경제학을 연구하는 존 테일러가 제안한 '물가상승률에 따라 명목이자율을 조정해야 한다'는 금리정책 규칙이다. 이때 물가상승률이 변하는 정도보다 명목이자율을 더 크게 바꿔야 하는데, 이것을 테일러의 원리라고 부른다. 실질이자율=명목이자율-물가상승률(피셔 방정식)이므로, 물가상승률이 1% 올라가고 명목이자율을 1.2% 올리면 실질이자율은 0.2% 오른다. 실질이자율이 올라가면 금융긴축 효과를 생겨 물가상승률을 억제하므로 이 정책은 타당하다.

〈그림 4-1〉을 보자. 급경사가 있는 그래프에 테일러 규칙이 나타나는데, 45도 기울기를 가진 그래프는

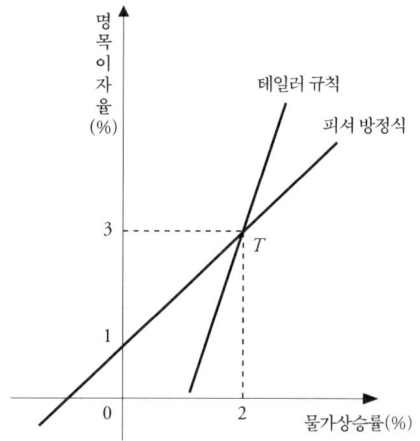

그림 4-1 피셔 방정식과 테일러 규칙

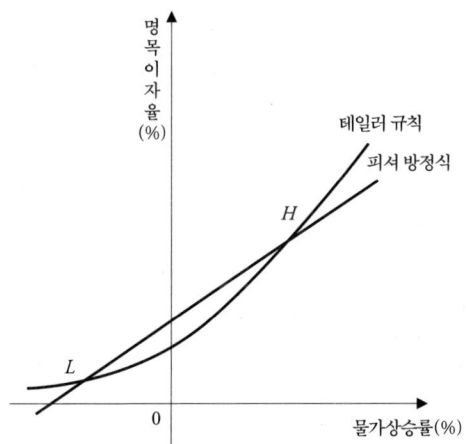

그림 4-2 제로 금리 제약을 고려한 테일러 규칙

'정상상태의 피셔 방정식'(이하 피셔 방정식)을 나타낸다. 이는 '정상상태의 명목이자율=정상상태의 실질이자율+정상상태의 물가상승률'이라는 등식이다. 정상상태의 실질이자율은 대체로 잠재성장률에 따라 결정된다. (정확하게는 정상상태 실질이자율=잠재성장률+주관적 할인율)

정상상태의 실질이자율은 앞서 살펴본 자연이자율의 (3)번 정의에 해당한다. 자연이자율은 잠재성장률에 따라 (여기서는 1%) 정해지고, 직선 세로축 절편은 1%가 된다. 이후에는 피셔 방정식 그래프에서 정상상태의 물가상승률이 몇 %인지에 따라 정상상태의 명목이자율이 결정된다.

한편 정상상태 이외의 실제 명목이자율은 테일러 규칙 그래프에서 물가상승률에 따라 정해진다. 따라서 직선과 곡선이 만나는 T가 있어야 할 정상상태가 된다. 정책 당국이 정상상태 목표 물가상승률을 2%로 정하면, 물가상승률은 직선과 곡선이 만나는 점인 2%가 된다. 이때 명목이자율은 3%다.

제스 벤하비브 등이 주장하는 핵심은, 테일러 규칙 그래프를 그대로 아래로 연장했을 때 제로 하한이 있다는 것이다. 물가상승률이 낮아지는 상황에 제로 하한을 피하려 하면 〈그림 4-2〉처럼 테일러 규칙은 왼쪽으로 빗나간다. 이렇게 되면 다시 피셔 방정식을 나타내는 직선과 만나는 점이 생기고, 또 하나의 정상상태가 나타난다.

물가상승률이나 명목이자율이 높은 정상상태를 '고위(高位) 정상상태', 물가상승률이나 명목이자율이 낮은 정상상태를 '저위(低位) 정상상태'라 부르기로 하자. 고위 정상상태는 바람직한 상태이며, 저위 정상상태는 바람직하지 못한 상태라고 할 수 있다. 고위 정상상태는 정책 당국이 목표로 잡은 정상상태지만, 저위 정상상태는 의도하지 않았는데 발생한 정상상태이기 때문이다. 저위 정상상태에서도 피구 효과가 작용하지만, 장기적인 디플레이션 불황도 발생한다. 게다가 정상상태라 움직일 방법이 없다.

다만 제스 벤하비브 등은 저위 정상상태에서도 수요부족은 생기지 않는 것으로 보았다. 장기적인 명목경직성을 뺐기 때문이다. 나와 동료 학자들은 제스 벤하비브 모델을 확장해서 장기적인 명목경직성이 남아 있는 모델을 만들었다. 모델에서 저위 정상상태 수요부족은 발생했다.[井上他 2011] 이렇게 보면 일본 경제는 오랫동안 저위 정상상태였다. 주의할 것은 저위 정상상태와 고위 정상상태에서는 실질이자율이 같으며, 둘 다 자연이자율과 비슷하다는 점이다. 그렇지만 저위 정상상태에서는 디플레이션과 수요부족이 이어진다.

이와모토 야스시(岩本康志) 도쿄대학 교수는 유동성 함정과 디플레이션 함정을 구별한다. 유동성 함정은 '자연이자율이 일시적으로 크게 내려감에 따라 제로 금리가 생기는 상태', 디플레이션 함정은 '자연이자율이 정상적 수준인데 제로 금리와 디플레이션이 계속되는 상태'다. 이와모토 야스시의 구분법에 따르면 폴 크루그먼이 보여준 것은 유동성 함정이고, 제스 벤하비브 등이 보여준 것은 디플레이션 함정이다.

나는 장기적인 디플레이션 불황을 보여준다는 점에서, 일본 경제가 빠져 있는 함정은 디플레이션 함정 쪽에 가깝다고 생각한다. 그러나 디플레이션 함정 모델에서는 본원통화와 통화량을 구별하지 않으며, 신용창조도 고려하지 않는다. 제스 벤하비브 등의 논문에서는 내가 핵심으로 지목한 사항은 언급되지 않았다. 물론 일본 경제를 분석하기 필요한 설명을 충분하게 하지도 않았다.

신용창조 함정

나는 제스 벤하비브 등의 모델과는 별도로 신용창조 함정 모델을 생각했었다. 나중에 내가 생각하던 것이 제스 벤하비브 등의 모델 확장판임을 알게 되었다. 우선 내가 생각한 신용창조 함정을 설명하고, 제스 벤하비브 등의 모델과의 관계를 살펴보자.[모델의 구체적인 내용은 井上他 2014 참조]

신용창조 함정은 자금 수요가 늘어나지 않기 때문에 대출이 늘어나지 않고, 이 때문에 신용창조가 이루어지지 않고, 통화량이 증가하지 않는 (정확하게는 증가율이 낮은) 상태다. 소비수요가 증가하면 기업의 투자수요가 늘어나고, 자금수요도 늘어나 통화량이 늘어난다. 그리고 다시 통화량이 늘어나면 소비수요가 늘어난다. 이처럼 통화량의 증가는 소비수요의 증가에 기대고, 다시 소비수요의 증가는 통화량의 증가에 기대는 상호 관계가 있다.

그런데 제로 금리 경세에서는 소비와 통화량 가운데 어느 한 쪽이 늘어나지 않아서 다른 쪽도 늘지 못하는 교착(deadlock) 상태에 빠진다. 마치 눈이 나쁜 사람이, 안경을 쓰지 않아 안경을 계속 찾지 못하고, 안경을 쓰지 못하니 계속 시력이 나빠져 있는 상황과 비슷하다. 따라서 이러한 상태(신용창조 함정)에 빠지면, 정책 충격 같은 외부 요인으로 소비수요나 통화량 가운데 한 쪽을 먼저 늘려야 함정에서 벗어날 수 있다. 안경을 씌워줘야 하는 것이다.

그렇다면 신용창조 함정에 빠졌을 때, 보통의 금융정책으로 통화량을 늘릴 수 있을까? 논의를 단순화하기 위해 현금을 빼고 본원통화=지급준비금, 통화량=예금이라고 가정해보자. 민간은행은 법정지급준비율을 지켜야 한다. 즉 무한정으로 대출을 늘릴 수는 없다. 이런 대출액 상한선을 '최대 대출액'이라고 하자. 지급준비금이 20만 원이고 법정지급준비율이 1%라면, 최대 대출액은 20만 원÷0.01=2,000만 원이다.

다음으로 실제 대출액과 최대 대출액의 차이를 '대출 여력'이라고 부르자. 플러스 금리에서는 대출 여력이 일시적으로 생긴다고 해도, 대출 이자율을 낮아져 자금 수요가 늘어난다. 추가 대출이 생기면 대출 여력은 금방 사라진다. 그러므로 〈그림 4-3〉처럼 최대 대출액이 M_1일 때, 자금수요 곡선과 만나는 점 P_1에서 대출액이 정해진다. 대출액 K_1은 최대 대출액 M_1과 같아진다.

금융완화는 중앙은행이 민간은행에서 국채 등을 사들이는 매입활동을 하고, 돈을 민간은행 당좌예금 계좌에 이체해야 끝난다. 이렇게 돈이 들어와야 지급준비금과 최대 대출액이 늘어난다. 최대 대출액이 〈그림 4-3〉의 M_2가 되면 이자율은 R_2까지 내려가고, 대출액은 K_2까지 늘어난다. 금융완화를 계속해 최대 대출액이 M_3이 되면 제로 금리의 하한 R_0에 이른다. 사실상 0에 가까운 이자율 하한선이다.[17]

금융완화를 더 계속하면 최대 대출액은 M_4까지 갈 수 있다. 그런데 이자율은 하한인 R_0에서 움직이지 않는다. 그러므로 대출액은 Z'가 아니라 R_0의 직선과 자금 수요 곡선의 교점인 Z에서 결정되며, 대출액은 K_3에

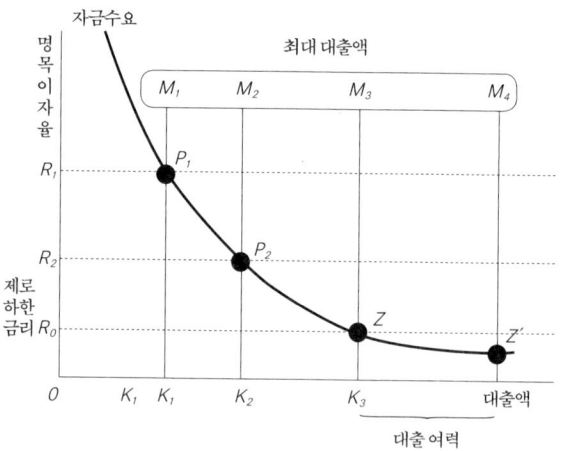

그림 4-3 이자율과 대출액의 관계

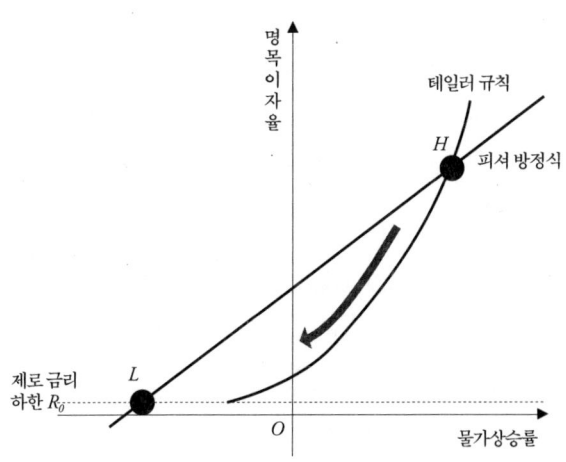

그림 4-4 신용창조 함정에서 테일러 규칙과 피셔 방정식

서 더 늘어나지 않는다. M_4와 K_3의 차이가 대출 여력이다. 이처럼 제로 금리에서 금융완화로 지급준비금을 늘리면 대출 여력은 늘어나는데, 정작 대출은 늘어나지 않고 통화량도 늘어나지 않는 상황이 발생한다. 이것이 내가 보는 신용창조 함정이다.

〈그림 4-4〉는 제스 벤하비브 등이 제시한 그림을 참조해서 그린 것이다. 〈그림 4-4〉에서 신용창조 함정에 빠진 상태는 R_0이라는 수평선으로 나타난다. 목표 물가상승률이 점 H를 이끌어내도 외부 충격으로 화폐성장률이 낮아져 물가상승률도 낮아지고, 테일러 규칙에 따라 이자율을 낮추어 가면 R_0에 도착한다. R_0로 표시되는 정상상태는 점 L인데, 경제는 자연스럽게 점 L로 끌려가게 된다.

일본 경제에서 실제로 일어난 외부 충격은 거품이 터진 것이다. 1991년 전후의 거품이 터지던 때 중앙은행(일본은행)의 통제 범위를 벗어나는 본원통화와 통화량 축소가 발생했다. 이 때문에 당시 중앙은행(일본은행)의 금융완화정책이 부족했다는 비판도 있다. 어쨌든 본원통화와 통화량 모두 1991년에 증가율이 마이너스가 되었다. 이후 본원통화와 통화량의 증가율이 플러스로 돌아섰지만 저조한 수준이었다. 이후 일본 경제는 1998년에 디플레이션에 빠진다. 1999년에는 제로 금리 하한까지 맞이한다. 이후 일본 경제는 거의 대부분 L 상태에 있었다고 할 수 있다. 또한 나와 동료들이 만든 모델에서는 점 L에서 통화량(=예금)의 증가율은 본원통화(=지급준비금)의 증가율과 관계가 없으며, 0을 약간 웃도는 값을 일정하게 유지했다.[18] 이는 실제 일본 경제의 통화량 증가율이 2% 정도에서 크게 바뀌지 않았던 경향을 설명해준다. 신용창조 함정에서 중앙은행이 통화량을 어떻게 할 수 없었음에도, 통화량과 본원통화의 증가율이 고정화되었다.

그러나 신용창조 함정에서 어떤 화폐정책은 효과가 있을 수 있다. 국채를 민간은행이 매입하여 흡수된 통화량을 재원으로 해서 정부가 재정지출을 늘리면, 총수요가 늘어나 신용창조가 이루어지면서 대출 여력이 줄어든다. 게다가 신용창조는 통화량을 늘리고 소비수요를 늘린다. 소비수요의 증가는 투자수요, 자금수요가 늘어나는 것을 이끈다. 그렇게 되면 〈그림 4-5〉처럼 자

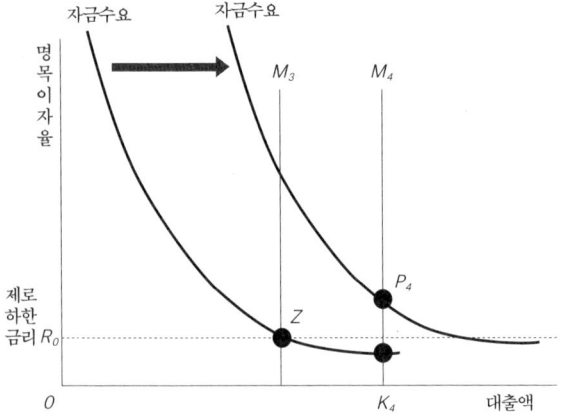

그림 4-5 자금수요 곡선의 이동

금수요 곡선이 오른쪽으로 이동한다. 최대 대출액이 M_4일 때, 자금수요 곡선이 〈그림 4-5〉처럼 이동하면 새롭게 만나는 점 P_4에서 얻어진 플러스 이자율과 K_4가 대출액이 되고, 신용창조 함정에서 탈출을 노려볼 수 있다. 정부지폐는 어떨까? 직접 대출 여력을 줄이지 않지만, 통화량을 늘려 소비수요를 늘린다. 이는 다시 돌고 돌아 자금수요 곡선을 오른쪽으로 이동시킨다.

재정 파이낸스든 정부지폐 발행이든, 헬리콥터 머니로 신용창조 함정에서 벗어날 수 있을 것이다. 사실 함정에서 탈출하는 방법은 또 있다. 정책 충격과 같은 외적 요인으로 소비수요나 통화량 가운데 어느 한 쪽을 먼저 늘려야 했다. 만일 '경기가 회복해 정상상태 H에 도달할 수 있다'는 것을 모든 국민이 믿는다면, 이것만으로도 소비수요와 투자수요를 늘릴 수 있다. 신용창조가 이루어지고 통화량이 늘어나, 진짜 정상상태인 H에 도달할 수 있을 것이다.

이는 예언을 하는 바람에 예언이 실제가 되는, '예언의 자기 성취'인 셈이다. 예를 들어 대머리가 될까봐 걱정을 하면, 스트레스가 심해져 머리털이 더 빨리 많이 빠져 대머리가 될 수도 있다. 마찬가지로 중요한 시험을 앞두고 배가 아플까봐 걱정하면, 역시나 걱정 스트레스로 배가 아파 시험을 망치기도 한다. '00은행이 망할 것이다!'라는 유언비어가 돌면, 사람들이 은행에 달려가 무더기로 예금을 인출해 정말 은행이 망하기도 한다. 그리스 고전에도 이런 예는 나온다. 그리스 비극 『오이디푸스 왕』을 보자.

고대 그리스 테바이(Θῆβαι, 테베)의 왕 라이오스는 자식이 자신을 죽일 것이라는 신탁을 받는다. 이에 라이오스는 갓 태어난 자기 아들 오이디푸스를 산에 내다 버렸다. 어른이 된 오이디푸스은 자신의 아버지를 알아보지 못하고 라이오스를 죽이는데, 만약 라이오스가 예언을 믿지 않았다면, 그래서 오이디푸스를 잘 길렀다면, 적어도 오이디푸스에게 죽임을 당하지는 않았을지 모른다. 예언으로 예언이 실현된 것이다.

경제학에서는 이렇게 스스로 이루어지는 예상을 '자기 실현적 기대'라고 부른다. 아베노믹스 또한 오이디푸스의 신화와 마찬가지로 자기 실현적 기대가 중요했다. 단 기대를 갖게 만드는 정책이 불확실하고 약간의 잡음만 끼어도, 자기 실현적 기대는 망가진다. 그런 점에서 신용창조 함정에서 탈출할 수 있는 유일하고 확실한 방법은 헬리콥터 머니일 것이다. 나는 2014년 5월에 『주간 이코노미스트』라는 잡지에 글을 한 편 기고했는데, 이런 내용이 들어 있었다.

> "아베노믹스라는 이름, 목표 물가상승률 2%,
> 총리와 일본은행 총재의 확신에 찬 말솜씨 등이
> 사람들에게 경기회복에 대한 기대를 심어주어,
> 신용창조 함정에서 벗어날 가능성이 있다.
> 다만 이런 기대가 증세 등을 계기로 덧없이
> 사라져버릴 가능성도 있다."

2014년 4월에는 소비세율이 5%에서 8%로 올랐다. 글을 기고한 5월에는 아직 영향이 분명하지 않았다. 그러나 되돌아보면 결국 소비세율이 올라간 것은 사람들의 경기회복에 대한 기대에 찬물을 끼얹었다. 소비수요는 빠르게 줄어들었다.

제5장

헬리콥터 머니와 기본소득

화폐발행이익

역사적 사례와 거시경제적 분석 등을 거치면서 '신용창조 함정에서 벗어날 수 있는 유일하고 확실한 방법은 헬리콥터 머니'라고 이야기를 마무리지었다. 헬리콥터 머니를 시행한다는 것은 화폐발행이익을 누리겠다는 뜻이다. 화폐발행이익은 정부나 중앙은행 등이 화폐를 발행함으로써 얻는 이익이다. 예컨대 10만 원권 지폐를 한 장 찍어내는 데 약 200원이 들어간다면, 중앙은행이 화폐발행으로 99,800원의 이익을 얻는 셈이다.

중앙은행이 화폐를 발행하는 경우는 경제학적으로 더 복잡한 이야기들이 있지만,[19] 정부가 화폐를 발행하는 경우에는 깔끔하다. 예를 들어 일본 정부는 1986년에 쇼와 일왕의 즉위 60주년을 기념하는 금화를 만들었다. 이 금화의 가격은 약 100만 원(10만 엔)에 판매되었다. 이 금화에 들어간 금값은 약 40만 원(4만 엔) 정도였다고 한다. 금화 1개를 팔 때마다 일본 정부는, 금값 40만 원(4만 엔)과 금화를 만드는 제작비 일부를 뺀, 약 60만 원(6만 엔)보다 적은 액수의 화폐발행이익을 가진다.

이때 40만 원(4만 엔)을 화폐의 '소재가치', 100만 원(10만 엔)을 화폐의 '액면가치'라 한다. 역사적으로 보면 중세 유럽이나 에도 시대 일본에서 위정자는, 화폐의 액면가치와 소재가치의 차이에서 생기는 화폐발행이익을 얻었다. 프랑스어로 화폐발행이익을 '시뇨리지(Seiniorage)'라고 하는데, 봉건 영주를 뜻하는 시뇨르(Seigneur)에서 나온 말이다. 화폐발행이익은 중세 유럽에서 봉건 영주의 특권이었다.

에도 시대 일본에서는 가끔 원래 유통되고 있는 소판(小判, 금화)이나 정은(丁銀, 은화)을 녹여서 다시 만드는 방식으로 품위(品位)를 떨어뜨리기도 했다. 품위는 금화와 은화에 포함된 금과 은의 함유량이다. 에도 막부는 소판과 정은의 액면가치는 그대로 두고, 금과 은의 함유량을 줄여(소재가치를 떨어뜨려) 화폐발행이익을 얻은 것이다. 내가 '일본의 존 로우'라고 부르는 에도 시대 사람 오기하라 시게히데(荻原重秀)[20]는 감정봉행(勘定奉行, 재정을 담당한 관직)을 지내면서 소판의 금 함유량을 2/3로 줄여 화폐량을 1.5배로 늘렸다.(겐로쿠 재주조) 액면가치가 변하지 않았으니, 막부는 엄청난 화폐발행이익을 얻을 수 있었다. 오기하라 시게히데의 말을 들어보자.

"비록 쓸모없어 보이는 물건이라도 관청이 도장을 찍어 사람들 사이에서 통용시키면, 그것이 화폐가 되는 것은 당연하다. 종이도 마찬가지다."

'귀금속이 아니어도 정부의 보증만 있으면 종잇조각이나 심지어 돌멩이도 돈으로 OK'라는 뜻이다. 오기하라는 돈의 본질이 정보이자 약속임을 이미 300여 년 전에 꿰뚫어보고 있었다.

세금을 걷는 능력이 부족할 수밖에 없었던 근대 이전의 위정자들에게, 화폐발행이익은 중요한 재원이었다. 그런데 지금도 정부는 화폐발행이익을 누릴 수 있다. 정부의 재원으로 세금이나 국채 이외에 화폐발행이익을 사용할 수 있는 것이다. 사실 이 세 가지 가운데 국채는 어차피 세금으로 갚거나 중앙은행에 매입시켜 화폐발행이익으로 바꿀 필요가 있다. 따라서 정부가 가질 수 있는 항구적 재원은 세금과 화폐발행이익, 두 가지다.

화폐발행이익은 인류가 손에 넣을 수 있는 거의 유일한 요술방망이다. 디플레이션 상황에서는 이 방망이를 부작용 없이 두드릴 수 있다. 그러니 정확하게 말하자면 헬리콥터 머니를 실시하지 않는 정부와 중앙은행은 국민의 복지(후생, 행복)를 향상시킬 의무를 게을리하는 것이다. 물론 헬리콥터 머니를 무제한 시행하면 지나친 인플레이션이 발생하겠지만, 2~4% 정도 완만한 인플레이션이 될 때까지는 헬리콥터 머니를 적극적으로 실시해야 한다.

화폐발행이익=기본소득

정부는 화폐발행이익을 어디에 써야 할까? 공공사업은 정말로 필요한 것이 아니라면 국민의 복지를 향상시키지 못한다. 오히려 국민들에게 1인당 얼마씩 직접 나누어주거나, 수당의 형태로 국민에게 직접 나누어주는 것이 나을 것이다.

가장 공평한 방법은 국민 한 사람 한 사람에게 같은

금액의 돈을 나누어주는 것이다. 나는 이 방법을 '화폐발행이익의 국민배당'이라고 부른다. '화폐를 발행해 얻을 수 있는 이익을 눈에 보이는 형태로 국민에게 돌려주자'는 뜻이다.

국민배당은 캐나다의 클리포드 휴 더글러스라는 사람이 제안한 아이디어다. 기본소득(basic income)의 직접적인 기원이 된 아이디어 가운데 하나다. 기본소득은 국민 모두에게, 생활에 필요한 최저소득을 보장하는 제도다. 예를 들어 매달 70만 원(7만 엔)의 돈을 남녀노소 가리지 않고 모든 국민에게 나누어준다고 해보자. 아동수당과 어른수당을 합친 것이니, 나는 이것을 '모두의 수당'이라 부르곤 한다.

기본소득은 사회보장제도 가운데 하나로 분류하기도 하지만, 공적인 수익을 나누는 국민배당이라는 뜻으로도 사용된다. 예를 들면 이란이나 미국의 알래스카 주에서는 해당 지역에서 나오는 석유 등의 천연자원을 팔아서 얻은 수익을 국민(주민)에게 일부 분배한다. 천연자원은 땅에 묻혀 있었던 것으로 원래부터 주인이 없었다. 그러니 천연자원을 팔아 벌어들인 돈을, 그 땅에 살고 있는 사람들에게 나누어주는 것이 합당하다는 생각에서 비롯되었다. 이것도 기본소득의 한 종류가 될 수 있다.

그런데 일본처럼 천연자원이 부족한 나라에서는 땅에서 캐내어 팔 것이 없다. 단 천연자원이 없어도 가능한 국민배당이 있다. 바로 화폐발행이익의 국민배당이다. 이론적으로는 디플레이션 불황일 때뿐만 아니라, 언제라도 가능하다. 단순한 모델에서는 장기적으로 화폐성장률과 기술진보율을 같게 만들면, 물가상승률은 대체로 0이 된다. 그리고 화폐성장률이 기술진보율을 웃돌 경우, 이 차이가 물가상승률이 된다. 즉 인플레이션이 없어도 기술이 진보하는 만큼 돈을 늘려 나누어줄 수 있다. 또한 화폐가 장기적으로 중립적이라면, 화폐발행은 장기적으로 어떤 사회적 부(富)도 만들어내지 못한다. 그러나 화폐가 장기적으로 중립적이지 않다면, 화폐발행은 수요부족을 채워주기 때문에 그만큼 사회적 부를 끊임없이 만들어내는 것이다.

어쨌든 매일 매일 일어나는 기술진보는 끊임없이 화폐가 늘어날 것을 요구한다. 그리고 매일 매일 화폐가 늘어나면 그만큼의 화폐발행이익이 생긴다. 즉 화폐발행이익을 지속하는 원동력은 경제 전체에 영향을 미치는 기술진보다. 기술진보가 멈추지만 않는다면 늘 화폐발행이익을 국민에게 배당할 수 있다.

기술은 지금 이 시각에도 연구실에 있는 연구자나 공장에 있는 기술자의 끊임없는 노력으로 발전한다. 열심히 노력하고 있는 연구자, 기술자들은 자신의 노력만큼 대가를 받고 있을까? 아마 충분하다고 하기 어려울 것이다. 그러나 이들의 연구 개발은 이전 시기 사람들이 남긴 지식을 바탕으로 이루어진다. 인류 전체가 쌓아 놓은 지식의 유산을 빼놓고, 기술진보를 생각할 수 없는 것이다. 한편 끊임없이 개발되는 기술 그 자체는, '경제'라는 틀 밖에서 또 다른 혁신을 촉진하기도 한다. 그리고 또 다른 혁신이 일으킨 경제 외부성이 특정한 개인들에게 귀속되어서는 안 된다. 기술진보는 '거인의 어깨' 위에 탄 개인들의 영감과 땀으로 가능한 것이다.

이렇게 기술진보로 인한 이익은 시대와 공간의 범위를 넘어서서, 얼굴을 알지 못하는 수많은 사람들 덕분이다. 그러니 국민 모두에게 나누어주는 것 말고 적당한 방법이 없다. 화폐발행이익에 대한 국민배당 권리는 정당화할 수 있다.

그런데 지금 제도 아래에서 화폐를 주로 만드는 주체는 중앙은행이 아니라, 민간은행들이다. 이들은 화폐발행이익의 대부분을 국민에게 돌려주지 않는다. 민간은행은 기업이나 개인에게 대출할 때 예금이라는 화폐를 창조한다. 민간은행은 예금화폐를 창조하고, 거기서 나오는 화폐발행이익을 기초로 이득을 얻는다. 민간은행은 중세 유럽의 영주처럼, 돈을 창조하는 특권을 부여받은 덕분에 화폐발행이익을 누릴 수 있는 것이다. 화폐제도 개혁의 제안자인 조셉 후버와 제임스 로버트슨은 이런 특권을 민간은행의 '숨겨진 보조금'이라 부른다.[Huber and Robertson 2000]

민간은행이 기업에 자금을 빌려주면 기업이 상품을 만들어 팔고, 판 돈의 일부는 임금이나 주식 배당의 형태로 가계에 넘어간다. 예금이 있는 가계라면 예금에 대한 이자도 받을 수 있을 것이다. 따라서 가계도 화폐발행이익 가운데 아주 적은 떡고물 정도는 얻을 수 있다. 그러나 화폐발행이익이 분배되는 방식은 불투명하고, 불확실하며, 부당하다.

예를 들어 정부에 1,000조 원의 빚이 있다고 하자. 이 가운데 60% 정도가 민간은행에서 빌린 돈이라면, 이는 대부분 신용창조로 만들어진 돈일 것이다. 그런데 만약 정부가 스스로 정부지폐를 발행해서 사용했다면 빚이 이만큼씩 생기지는 않았을 것이다. 사실 무(無)에서 돈을 만들어낸다는 점에서 보면 정부지폐의 발행이나 민간은행의 신용창조나 마찬가지다. 그런데도 정부가 스스로 돈을 만들어낼 권한을 포기하는 바람에 민간은행에서 빚을 낼 수밖에 없었고, 빚을 냈으니 엄청난 이자를 민간은행에 지불해 왔다. 이렇게 멍청한 이야기가 또 있을까? 민간은행에 내야 하는 이자는 세금을 걷어 해결해왔다. 그러니까 지금까지 민간은행 수익을 올려주기 위해 국민에게 세금을 걷어온 셈이다.

현재 민간은행이 보유하고 있던 국채의 많은 부분을 중앙은행(일본은행)이 매입해서 가지고 있다. 2016년 6월 말 현재 기준으로, 국채의 26%는 민간은행이, 35%는 중앙은행(일본은행)이 가지고 있다. 이것도 생각해보면 재미있는 일이다. 같은 빚인데 중앙은행(일본은행)이 가지고 있으면 이자를 안 내고, 민간은행이 가지고 있으면 이자를 낸다. 중앙은행이 가지고 있는 35% 만큼의 국채만큼 이자가 줄었다면, 이는 이만큼의 정부지폐를 발행한 것과 다르지 않다. 물론 중앙은행으로 국채가 오기까지의 과정에는 여전히 문제가 있다. 민간은행은 공적기관인 정부한테 국채를 사서 다른 공적기관인 중앙은행에 되파는 것만으로 돈을 벌고 있지 않은가! 국채를 오른손에서 왼손으로 옮기는 것만으로 돈을 벌고 있는 것이다. 이런 기묘한 돈벌이가 유지되는 이유는, 중앙은행을 정부에서 분리해 따로 두로 있는, 근대의 이상한 화폐제도 때문이다.

우리는 집을 담보로 맡기고 민간은행에서 돈을 빌린다. 물론 비싼 이자도 물어야 한다. 그런데 민간은행에서 우리가 빌리는 돈의 대부분도, 민간은행이 신용창조로 만들어낸 돈이다. 보통 법정지급준비율은 1% 이하로 낮기 때문에, 민간은행은 큰 규모로 신용창조를 할 수 있는데, 이는 민간은행이 무엇을 잘해서라기보다는 그럴 수 있는 권리를 얻었기 때문이다. 그리고 은행이 권리를 얻은 만큼 우리의 권리는 줄어들었다. 국채에서와 마찬가지로 정부가 지폐를 발행해 국민에게 나누어준다면 어떨까? 우리의 화폐발행이익은 크게 늘어날 것이다. 정부지폐를 받으면 우리는 적어도 이자를 내지는 않아도 될 것이고, 원금을 갚지 않아도 될 수 있다.

즉 민간은행의 신용창조가 억제될수록 국민은 더 많은 화폐발행이익을 얻을 수 있다. 민간은행의 신용창조를 금지하고 중앙은행이 발행한 돈을 국민에게 직접 지급하면, 국민은 민간은행에서 빌리는 돈 가운데 많은 양을 그냥 얻을 수 있다. 우리는 우리가 원래 받아야 할 돈을 받지 못하면서, 민간은행에 가서 돈을 빌리고 심지어 이자까지 내고 있었던 것이다. 우리는 우리 스스로의 바보 같은 모습에 놀랄 준비를 해야 한다.

그러나 나는 민간은행 경영진을 탓해야 한다고 생각하지 않는다. 민간은행 경영진 스스로 이러한 약속에 가까운 메커니즘을 이해했었다고 확신할 수 없기 때문이다. 또한 누구나 제도가 허락하는 범위 안에서 자신의 이익을 극대화하려는 것은 자연스러운 일이다. 그러니 우리는 남을 탓하는 데 힘쓰기보다는 제도를 바꾸는 노력에 신경써야 한다.

모든 화폐발행이익을 국민에게 돌려주려면 민간은

행의 신용창조를 없애야 한다. 더글러스는 민간은행의 신용창조를 없애고 모든 화폐발행이익을 국민에게 배당하라고 이야기했다. 모든 국민은 화폐발행이익을 누릴 권리가 있으며, 이 이익을 공정하게 나누어주는 것이 국가가 해야 할 신성한 의무다. 카이사르의 것을 카이사르에게 돌려주듯이, 국민의 것을 국민에게 돌려주어야 한다.

국민 중심 화폐제도

앞으로 비트코인 같은 전자화폐가 지금의 화폐를 대신할 것이며, 유통량도 늘어날 것이다. 화폐제도는 어쩔 수 없이 변화와 혁신의 압력 속에 놓여 있다. 역사적으로 화폐제도는 시대에 맞추어 모습을 바꾸어왔으니, 지금의 화폐제도가 진화의 마지막 형태라고 장담하는 것은 무리다. 그럼에도 우리는 제도를 자연환경처럼 주어진 것으로 받아들이는 경향이 있다. 제도는 사람들이 만들어낸 것에 불과하며, 문제가 있다면 바꾸는 데 주저

해서는 안 된다.

나는 기본소득과 관련된 국제회의에서 발표할 기회가 있었다. 발표 논문에서는 지금까지의 화폐제도를 '정부 중심 화폐제도(Administration-centered Monetary Regime: A레짐)'와 '은행 중심 화폐제도(Bank-centered Monetary Regime: B레짐)'로 나누었다. 여기서 중심이란 화폐발행이익을 주로 누가 얻고, 어디에 쓸 것인지 결정하는 주체를 뜻한다. A레짐은 정부(영주나 왕, 황제 등 위정자)가 동전과 지폐를 발행해서 화폐발행이익을 누리던 근대 이전의 제도다. 그리고 B레짐은 은행이 주로 화폐발행이익을 누리던 근대 이후의 제도다. 그리고 나는 미래에 나타날 화폐제도를 '국민 중심 화폐제도(Citizen-centered Monetary Regime: C레짐)'로 부르면서 추가했다.

C레짐에서는 중앙은행만 돈을 창조하고, 이 돈은 정부를 거쳐 기본소득으로 국민에게 분배된다. 국민은 화폐발행이익 전부를 직접 얻는다.〈그림 2-7〉C레짐이 현실화되면 화폐의 흐름은 완벽히 뒤집어진다.

중앙은행 → 민간은행 → 기업 → 가계

⇩

중앙은행 → 가계 → 민간은행 → 기업

변화의 핵심은 가계와 민간은행의 자리가 바뀐다는 점이다. 자리가 바뀌기 전(B레짐) 화폐발행이익을 가장 확실히 누리는 경제주체는 민간은행이었다. C레짐에서는 가계, 즉 국민이 화폐발행이익을 가장 확실히 누리는 경제주체가 된다.

C레짐에서는 중앙은행에만 화폐창조 권한이 주어지는 것처럼 보인다. 이른바 '화폐창조의 중앙집권화'가 나타날 수 있다. 그러나 현실에서는 오히려 민간은행이 아닌 경제주체들이 전자화폐, 지역화폐 등을 발행하는 '화폐창조의 분권화'를 실현하게 된다. 이는 오스트리아 경제학자 프리드리히 하이에크의 『화폐 발행 자유화론』에 따른 움직임이다. 이 책에서 하이에크는 공적기관의 화폐 발행을 폐지하고 각종 민간 경제주체들이 자유롭게 화폐를 발행할 수 있어야 한다고 주장했다. 이런 방식의 분권화로 여러 기업과 조직, 개인이 화폐발행이

익을 누릴 수 있다. 그러니 '국민 중심'이라고 말해도 될 것 같다. 그러나 중앙집권화가 소득의 평등을 이루려는 경향이 있다면, '분권화'는 소득 격차를 부추길 가능성이 있다. 비트코인으로 막대한 부를 쌓은 사람이 나타나는 것을 보면 쉽게 알 수 있다.

따라서 나는 '화폐창조의 집권화'를 주장한다. 옛 소련 같은 사회주의 국가에서는 생산 활동의 집권화를 시도했지만 실패했다. 그러나 생산 활동은 각 민간 경제주체의 분권적 의사결정에 따라야 하는데, 이를 막으면서 실패했다. 그러면 화폐창조도 민간 경제주체들이 자유롭게 해야 할까? 화폐창조는 상품 개발과는 전혀 다르다. 창의성이 필요하지 않는 일이니, 이것을 민간에 맡겨야 할 필요는 없다.

원, 달러, 엔처럼 정부가 강제통용력을 부여한 '법정통화'는 정부가 스스로 책임을 지고 통제해야 한다. 내가 제안하는 C레짐은 신용창조를 금지하고 헬리콥터머니를 화폐정책의 주축으로 삼는 것이라, 거의 순수하게 헬리콥터 머니만으로 화폐정책을 시행한다.

물론 중국 송나라나 금나라의 지폐, 프랑스 혁명정

부의 지폐 등의 실패에서 알 수 있듯이, 정부지폐는 초인플레이션을 불러올 가능성이 있다. 간접적 재정 파이낸스는 이미 시행되고 있지만, 제로 금리 경제와 플러스 금리 경제에서 효과가 다르며 민간은행이 정당하지 못한 이익을 가져가게 만든다. 직접적 재정 파이낸스(중앙은행의 직접 국채 인수)는 1930년대 일본에서 군사비를 거대하게 늘리는 일을 벌였다. 그러나 이것은 당시 재무부 장관급인 타카하시 코레키요가 암살되고, 문민통제(文民統制, civilian control, 민간인 정치가에 의한 군의 통제)가 상실되면서 생긴 일이다.

한편 정치인들이 인기를 얻으려고 화폐발행이익을 활용할 수 있을 것이다. 그러나 정치인들의 이런 행태는 어디서든 발생할 것이니, 사적 이용을 금지하는 규칙을 잘 정하고 적용하면 될 것이다. 예를 들면 중앙은행이 발행한 화폐를 정부 국채와 직접 교환할 때, 정부는 해당 화폐를 일반 재정지출에 쓰지 못하며, 그대로 가계에 기본소득으로 지급해야 한다는 규칙을 만드는 것도 가능하다. 국채 매입량과 그 값으로 얼마를 지급할지는 중앙은행이 결정한다. 덧붙여 목표 물가상승률 3%라는 물가안정 목표제를 도입하면 초인플레이션을 걱정할 필요는 없다.

100% 지급준비제도

1935년 미국 경제학자 어빙 피셔는 '100% 지급준비제도'(100% 머니)라는 화폐제도 개혁 방안을 제안한다. 이 제안은 헨리 시몬즈와 밀턴 프리드먼 등 시카고 대학 경제학자 그룹에게 지지를 받았기에 '시카고 플랜'이라고도 불렸다.

100% 지급준비제도는 신용창조를 금지하는, 즉 지급준비제도를 없애는 것을 뜻한다. 부분 지급준비제도는 예금의 일부만을 지급준비금으로 보유하고, 100% 지급준비제도는 예금을 모두 지급준비금으로 보유한다. 부분 지급준비제도 아래에서 법정지급준비율이 1~5%였다면, 100% 지급준비제도에서는 100%가 된다.

100% 지급준비제도를 실현한다는 것은 '예치'하는 순간 '대부'의 성격을 띠는, 현재의 예금의 이중성을 없

애는 것도 포함된다. '예치'는 예치고 '대출'은 대출로, 엄격하게 구별된다.

100% 지급준비제도 아래서 개인이 은행에게 맡긴 돈은 어디까지나 예치이니, 은행은 예치금액을 모두 가지고 있어야 한다. 민간은행은 이 돈을 기업에 빌려주고 이자를 받을 수 없다. 물론 예금자에게 이자를 지불할 수도 없다.

위험을 피하려면 낮은 이윤을 감수하는 것이 금융의 원칙이다. 떼일 염려가 없는 예금에 이자를 주지 않는 것은 전혀 이상하지 않다. 오히려 은행이 예금자에게 보관료를 요구할 것이다. 이는 은행의 정당한 권리이다. 보관료가 금고보다 싸다면 사람들은 당연히 보관료를 낼 것이다.

한편 100% 지급준비제도 아래서 개인이 돈을 빌려주고 이자를 받고 싶다면, 은행이나 증권사가 파는 회사채나 투자신탁을 사는 방법뿐이다. 이러한 상품의 원금은 보장되지 않고 가치가 통째로 사라질 가능성도 있다. 그러나 본래 채권이라는 것은 위험자산이다. 위험이 있으니 수익은 높을 것이다.

지금까지 예금은 위험이 없고 유동성이 있어서 (언제나 상품과 교환이 가능해서) 이자가 붙는, 금융 원칙에 어긋나는 이상한 물건이었다. 위험이 없었던 것은 정부가 보장했기 때문이다. 그러나 위험을 감수하지 않고 수익을 내는, 즉 불로소득을 올리라고 정부가 나서서 도울 필요는 없다.

그럼에도 사람들은 예금이라는 이름의 장점만 모아둔 물건을 그냥 버리고 싶지는 않을 것이다. 물론 '버렸을 때의 확실한 장점이 있는가?' 하는 의문이 들 수도 있다. 답은 이렇다.

'예금 계좌를 단순한 금고 역할로 낮추고, 100% 지급준비제도를 도입하면 더 많은 화폐발행이익을 국민들에게 배당할 수 있다.'

이점은 또 있다. 경기변동의 파도가 완만해진다. 100% 지급준비제도가 제기된 원래 이유는, 부분 지급준비제도가 민간은행의 신용창조를 가능하게 하면서 통화량이 바뀌고 경제가 불안정해졌기 때문이었다. 미국에서는 2008년 리먼 브라더스가 파산하면서 일어난 충격으로 '시카고 플랜'을 포함한 화폐제도 개혁에 관한 논의에 불이 붙었다. 헬리콥터 머니의 제창자인 아데어 터너도 시카고 플랜을 언급했다.

일본 역시 신용창조가 경제 안정에 파괴적인 피해를 준 것을 경험했다. 1980년대 후반, 신용창조로 창출된 화폐가 실물 투자가 아닌 부동산과 주식에 투기적으로 쏠렸고 거품경제가 태어났다. 거품경제 시기에는 〈그림 2-6〉처럼 통화량과 본원통화의 증가율이 모두 10%를 넘어섰다. 중앙은행(일본은행)이 본원통화를 적절히 잡았더라면 거품을 막을 수 있었겠지만, 어쨌든 거품이 생겼다.

거품이 터진 1991년 이후, 민간은행에서 돈을 빌린 기업이 부동산 투기와 주식 투기에서 일제히 손을 떼고 열심히 돈을 갚기 시작했다. 1992년경에는 통화량과 본원통화의 증가율은 모두 0%를 밑돌았다. 은행에 빚을 진다는 것은 신용창조의 다른 쪽 얼굴이다. 즉 은행에 빚을 갚는다는 것은 신용창조가 생기지 않는다는 뜻이다. 무에서 창출되었던 돈이 다시 무로 돌아간 것이다.

빠르게 통화량, 본원통화가 축소되어 '잃어버린 20년'으로 불리는 장기불황이 시작되었다.

버블이 터지는 과정에서 중앙은행(일본은행)이 본원통화를 늘려 이자율을 빠르게 내렸다면, 장기 불황을 막을 수 있었을지도 모른다. 혹은 그만큼 일찍 이자율이 제로 하한에 도달해서 신용창조 함정에 빠졌을지도 모른다. 어쨌든 버블이 터진 후 30년 동안 일본은 신용창조에 휘둘려 적잖은 사람들이 일자리를 잃고, 생활이 파괴되고, 자살로 내몰리기도 했다. '신용창조가 모든 악의 근원이다'라고 말해도 좋을 정도다. 100% 지급준비제도를 도입한다면, 통화량은 본원통화와 같아진다. 정책 당국이 직접 통제할 수 있고, 모든 악의 근원이 사라질 것이다.

인공지능과 두 가지 기본소득

나는 헬리콥터 머니와 100% 지급준비제도로 이루어진 C레짐이 바람직하다고 생각한다. 이는 지금도 대부분의 선진국 경제가 디플레이션이나 디스인플레이션 상태에 놓여 있다. 제로 금리 정책이나 마이너스 금리 정책을 취할 수밖에 없는, 정책적으로 어려운 시기이기 때문이다. 20~30년 후에는 이런 새로운 화폐제도가 더욱 필요할 것이다. 인공지능(AI)이 고도로 발달할 것이기 때문이다.

AI는 크게 '특화된 AI'와 '범용 AI'로 나눌 수 있다. 특화된 AI는 한 가지 일만 해낼 수 있다. 스마트폰의 음성인식 서비스인 시리(Siri)나 구글(Google)의 검색 엔진, 바둑을 두는 알파고, 체스 프로그램인 딥블루 등 기존의 AI는 모두 특화된 AI다.

범용 AI는 인간처럼 모든 과제를 풀 수 있다. AI가 체스만 두는 것이 아니라 대화도 하고, 책도 읽으며 정보를 구성한다. 범용 AI는 아직 연구 개발 중이지만 빠르게 등장할 것이다. 범용 AI를 만드는 것을 목표로 하고 있는 일본 비영리단체 '전뇌 아키텍처 이니셔티브(全腦 architecture initiative)'는 2030년경에 목표를 달성할 수 있을 것으로 본다.

범용 AI가 가능해지면 경제에 끼칠 파급력을 헤아

릴 수 없을 것이다. 사람이 하는 대부분의 노동을 범용 AI를 탑재한 로봇이 대체할 것이다. 오직 기계만이 생산한다는 의미에서, 나는 이런 경제를 '순수 기계화 경제'라고 부른다.

내가 낸 책『2030 고용절벽 시대가 온다』에서도 이야기했지만, 순수 기계화 경제에서는 고용 대부분이 사라지는 동시에 폭발적인 경제성장이 함께 일어날 것이다. 범용 AI를 도입한 나라와 도입하지 않은 나라가 있다면, 〈그림 5-1〉처럼 경제성장률에 커다란 차이가 생길 것이다.

나는 이 경제 성장률의 차이를 '두 번째의 커다란 분기'라고 부른다. 〈그림 5-2〉에서 보면, 첫 번째의 커다란 분기는 18세기 1차 산업혁명기에 일어났다. 영국을 비롯한 유럽 국가들은 증기기관 등 기계를 도입해 생산의 기계화를 추진했다. 1인당 GDP는 매년 늘어나는 상승 경향을 보여준다. 생산의 기계화를 채택하지 않았던 아시아와 아프리카 나라들은 정체했다. 20~30년 뒤에는 이와 동일한 경제적 분기가 발생할 것이다. 더 정확히 말하면 〈그림 5-1〉의 그래프는 잠재성장률을 보여준

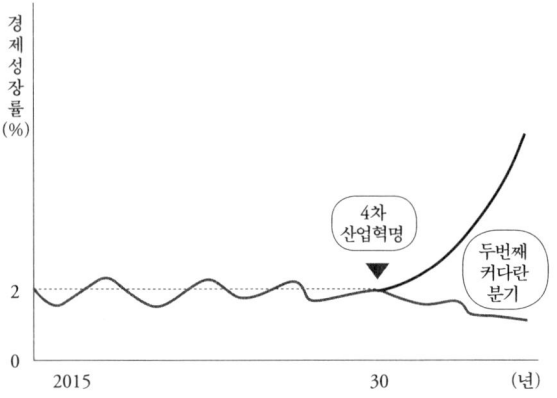

그림 5-1 경제의 두 번째 커다란 분기

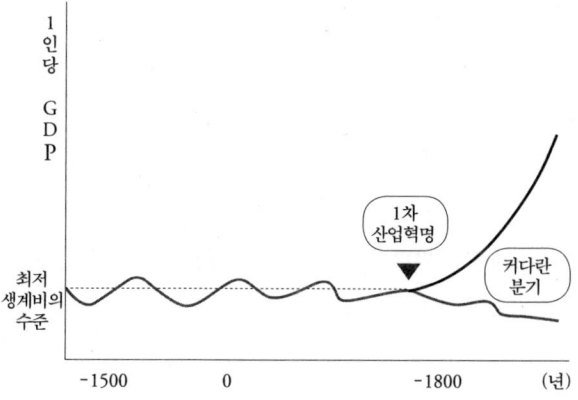

그림 5-2 경제의 커다란 분기 [출처: 그레고리 클라크, 『10만 년의 세계경제사 (*A Farewell to Alms: A Brief Economic History of the World*)』(닛케이BP)]

다. 따라서 상승 노선의 성장은 수요 제약의 속박 때문에 실현되지 않을 수도 있다. 수요가 폭발적인 잠재성장을 따라가지 못할 가능성은 있다.

그러니 통화량을 늘려 끊임없이 수요를 살려낼 필요가 있다. 문제는 지금 화폐제도에서는 중앙은행이 금융완화정책을 펼쳐도, 이자율은 곧 제로 하한에 도달해 신용창조 함정이 발생한다는 점이다. 화폐정책의 중심축을 헬리콥터 머니에 둘 필요가 있다.

한편 순수 기계화 경제에서는 일자리를 잃은 사람들의 생활을 뒷받침하는 사회보장제도로서 기본소득을 도입해야 한다. 기본소득은 안정된 재원을 바탕으로 해야 한다. 때문에 세금을 그 바탕으로 하는 것이 옳다. 이렇게 세금을 재원으로 생활을 보장하는 기본소득을 '고정기본소득'이라 부르자.

한편 순수 기계화 경제에서는 수요를 늘리고 경기를 안정시키려는 거시경제정책으로 헬리콥터 머니를 바탕으로 한 기본소득도 도입해야 한다. 이 기본소득의 지급액은 물가상승률과 GDP 갭 등 거시경제의 상황을 반영해 변동시킬 필요가 있다. 이처럼 화폐발행이익을 재원삼아 경기를 안정시키기 위한 기본소득을 '변동기본소득'이라 부르자. 변동기본소득을 실시하려면, '화폐제도의 변혁(Currency Innovation, CI)'이 이루어져야 한다.

　AI의 발달이 사람들을 빈곤하게 만들 것인지 아닌지는 정책에 달렸다. 고정기본소득과 변동기본소득으로 이루어지는 '2층 구조 기본소득'이 필요하다. AI가 해악을 끼치지 않으면서 발달하고, 보급되려면 기본소득과 화폐제도의 변혁, 즉 BI와 CI가 반드시 함께 진행되어야 한다.

부록 역자의 말 · 이론모델 · 참고문헌

역자의 말

안현효

사회신용론은 세 가지 주장으로 구성된다. 첫째, 사회에서 생산되는 재화의 총량은 구매할 수 있는 소득보다 항상 많다. 따라서 현대 사회는 늘 과소소비 상태다. 둘째, 화폐의 본질은 빚(부채)인 은행신용이다. 자본주의의 본질은 은행신용으로 생산가치와 소득총액의 차이를 메우는 것이다. 셋째, 은행신용을 사회신용으로 바꿔 정부가 화폐를 직접 발행하고 발행된 화폐를 기본소득(혹은 국민배당)으로 배당하면 이런 문제를 해소할 수 있다.

현대 경제학에서는 사회신용론을 다루지 않는다. 케인스는 『고용, 화폐, 이자의 일반이론』에서 사회신용론을 살짝 인용하며 유효수요이론을 정당화한다. 케인스의 생각에 부분적으로 사회신용론의 아이디어가 녹아 있다고 볼 수도 있다. 그러나 사회신용론이라는 용어, 핵심적 개념, 중요한 주장들은 오랫동안 경제학계에서 이단으로 여겨졌다.

전통적인 경제학은 시장가격을 중심으로 수요와 공급의 일치를 묘사한다. 좀더 구체적으로 말하자면 동력의 기초는 개인의 이기심으로 상정하고, 시장을 이루는 불특정 다수의 힘인 '보이지 않는 손'의 작동원리를 분석해, 시장의 효율성을 주장한다. 이것은 이후에 미시경제학으로 체계화되는데, 보이지 않는 손이 작동하는 미시경제학에서는 정부가 주도하는 경제정책이 필요없다.

케인스에서 출발한 거시경제학은 시장의 자유방임적 작동이 사회를 혼란스럽게 만든다고 본다. 정부 개입으로 이를 교정해야 한다고 보았다. 케인스가 보기에 시장으로 인해 생기는 위기의 특징적 모습은 생산된 양을 모두 수요하지 못하는 유효수요 부족의 경향이었다. 이는 사회신용론의 첫째 생각과 매우 비슷하다. 또 케인스는 화폐금융계급에 대해 적대적이었다. 화폐를 단순히 유통수단으로 본 고전경제학과 달리 화폐를 독특한 자산, 즉 유동성이 있는 무수익 자산으로 보았다는 점에서 사회신용론의 흔적이 보인다.

그러나 더 나아가지는 않았다. 케인스는 사회신용론의 마지막 주장 앞에서 멈췄다. 이후 경제학은 케인스를 거시경제학이라는 이름으로 주류경제학으로 통합하면서 케인스의 이단적(?) 요소를 세탁한다. 이 과정에서 사회신용론과 비슷한 아이디어는 대부분 지워졌다.

그런데 2008년 글로벌 경제위기 이후의 비정통 통화정책과, 이런 이단적인 경제학에 대한 관심이 생겨나고 있다. 자본주의는 주기적으로 호황와 불황(그리고 공황)으로 빠지는 경기순환 과정이라는 독특한 특징을 갖고 있다. 20세기 초반 경제학은 정부가 개입해서 이런 주기적 경기순환을 조절해야 한다는 케인스의 생각을 주류로 받아들였다. 재정정책과 통화정책으로 구성되는 총수요관리정책을 써서 경제의 수축기(불황기)에 확장적 통화정책, 즉 통화량을 늘리거나 이자율을 내려 소비와 투자를 촉진하고 총수요를 늘리는 불황관리정책을 편다. 이자율을 내리는 방법은 정부가 중앙은행을 통해 통화량 조절을 목표로 하는 단기채권을 구입하는 것이다. 채권과 반대 반향으로 화폐가 흘러가면 시중에 화폐공급이 늘어나고, 채권가격이 오르면서 이자율이 낮아진다. (이자율을 올리고 싶을 때는 반대로 하면 된다.) 이는 정부가 세금을 깎아주거나, 정부지출을 직접 늘리는 확장적 재정정책과 함께 총수요를 늘리는 전통적인 정책이었다.

그런데 2008년 경제위기 이후로는 이자율이 매우 낮아져도 경제가 활성화되지 않았다. 금리는 계속 낮아져 전통적인 통화정책으로는 시중 이자율을 더 낮출 수가 없는 '제로 금리 제약(zero lower bound constraint, ZLB)'이 생긴 상태가 되었다. 시중의 명목이자율이 0에 가까워짐에 따라 이자율을 더 낮춰 경제를 활성화할 수 있는 방법이 없었다. 사실 이런 일은 2008년 글로벌 금융위기 이전에 이미 겪고 있는 나라가 있었다. 바로 일본의 잃어버린 20년이다.

일본은 저금리 상황에서 장기 경기침체를 겪는다. 그러던 2001년, 대규모로 장기 국채를 사들였다. 2001년부터 2006년 사이에는 40조 엔 규모의 국채를 사들이고, 글로벌 금융위기 이후인 2010년부터 2011년 사이에는 101조 엔 규모, 2013년에 다시 80조 엔의 국채를 사들였다. 아베 신조 총리는 아예 무제한 매입을 선언했다. 2008년 글로벌 금융위기의 진원지였던 미국에서는, 위기의 불을 끄기 위해 전통적으로 거의 쓰지 않던 장기채권 대량 매입 정책을 폈다. 부동산 금융에서 출발한 위기였으므로 장기채권을 한 종류인 모기지 채권을 정부가 직접 대량 매입했다. 이후 국채 매입 방식도 도입했다. 이를 양적완화(quantitative easing, QE)정책이라고 부른다. 양적완화정책은 2008년에 시작해서, 2010년에 2차 양적완화, 2012년 3차 양적완화정책으로 이어졌다. 이 시기 미국 연방기금금리는 0~0.25%였다.

이는 경제학에서 예측했거나 설명하고 있는 방식이 아니다. 말 그대로 정책이었다. 경제학 교과서에서 말하고 있는 것과 다르게, 아무리 통화량을 남발해도 디플레이션 상태였기 때문이다. 이런 현상은 경제학계에 질문거리를 던졌다. 양적완화는 대량의 통화발행이었지만 인플레이션이 일어나지 않았다. 경기침체가 더 나빠지는 것은 막았지만, 경제활성화는 시원치 않았다. 전통적인 경제학이 화폐에 대해 오해하고 있었던 것은 아닐까?

이런 상황과 질문 앞에서 현대화폐이론(modern monetary theory, MMT)이라는 새로운 이론이 등장한다. 전통적인 경제학에서는 화폐를 거래를 촉진하는 유통수단으로 보아, 화폐가 실물경제에 아무런 영향을 주지 않는다고 생각했다. 동시에 화폐는 금, 은과 같은 상품으로 보았다. 그런데 현대화폐이론에서는 화폐의 본질을 비상품화폐, 즉 일종의 사회적 신용으로 보았다. 정통적 화폐론과의 공식적인 이별 선언이었다. 이 새로운 화폐론은 바로 신용화폐론이다.

신용은 사회적 합의, 신뢰에 기초한다. 신용을 만드는 조직이 지금의 민간은행이며 민간은행이 만들어 내는 화폐가 오늘날 우리가 사용하는 화폐다. 현대화폐이론은 여기서 한걸음 더 나아간다. 신용의 본질은 민간은행 그 자체가 아니라 '국가'라는 것이다. 현대화폐이론에서 화폐의 본질은 민간은행이 만든 신용화폐가 아니라 법정화폐다. 화폐는 가계나 기업이 은행에 지는 빚(부채)이 아니라, 가계나 기업이 정부에 진 빚(부채)가 된다. 일종의 마이너스의 세금이다.

현대의 화폐제도는 민간은행이 만들어 낸 신화다.

이 신화를 바탕으로 민간은행은 돈을 만들어 낸다. 부분지급준비제도를 보자.

가계나 기업이 은행에 100원을 예금하면 이 예금은 언제든지 찾을 수 있어야 한다. 민간은행은 100원을 현금으로 금고에 잘 보관하고 있어야 한다. 그런데 정상적인 경제에서는 가계나 기업이 100원을 곧바로 찾아가지 않는다. 일정한 비율로만 뽑아가는데, 그 비율이 약 20%라고 하자. 늘 80원 정도가 민간은행 금고에 남아 있는 셈이다. 은행가는 이 80원을 다른 누군가에게 빌려주고 이자를 받는다. 이렇게 빌려준 돈은 시중에서 상품을 사는 데 사용되므로 통화량으로 볼 수 있다. 지나치게 많은 비율로 대출해준다면, 즉 금고에 현금이 한 푼도 없다면, 심지어 이론상으로는 무제한적 대출이 가능하므로 화폐가 무제한으로 창출된다. 물론 무제한 대출은 불가능한데, 확률적으로 일정한 비율은 항상 인출해가기 때문이다.

자본주의는 몇 번의 금융공황을 겪으면서 민간은행들이 지급준비금을 줄이고 대출을 늘리는 경향이 있다는 것을 알게 되었다. 자본주의 금융시스템을 약하게 만드는 요인이다. 이런 이유로 최소한 규모의 지급준비금을 유지하게 하는 규제를 마련했다. 그럼에도 가계와 기업이 맡긴 돈의 100%를 지급준비금으로 갖고 있을 필요는 없다. 이런 방식으로 민간은행 제도가 화폐창출에 참여한다. 시중 통화량은 중앙은행이 찍은 돈(본원통화)보다 훨씬 늘어난다.

현대화폐이론은 이러한 현상을 옳지 않다고 본다. 화폐가 신용화폐인 것은 사실이지만, 신용이 민간은행 제도를 통해서만 만들어지는 것은 아니다. 그런데 이 제도로 생겨나는 이익은 언제나 민간은행의 몫이기 때문이다. 예를 들어 잉글랜드 은행이라는 민간은행은 영국 왕실의 재정을 담당하는 대가로 잉글랜드 은행권을 국가 지폐로 인정받았다. 이것은 그저 역사적 과정에서 우연히 그렇게 된 것뿐이지 원래부터 화폐가 은행신용화폐여야 하는 것은 아니다. 오히려 정부가 찍어서 유포하는 정부지폐가 더 정당할 수 있다. 이렇게 되면 통화정책과 재정정책을 분리하는 의미가 없어지며, 두 정책은 결합한다.

일본의 젊은 경제학자 이노우에 도모히로는 현대

화폐이론에 완전히 동의하지는 않는다. 그러나 이 책에서 '재정 파이낸스'라는 개념으로, 금융위기 앞뒤로 펼쳐진 특이한 비전통적인 통화정책이 어떻게 통화정책과 재정정책을 결합시키는지 설명한다.

'헬리콥터 머니'는 통화주의 경제학자인 밀턴 프리드먼이 처음 제시한 개념이다. 말 그대로 돈을 찍어 하늘에서 헬리콥터로 뿌리는 사고(思考)실험이었다. 이는 통화량의 구성 부분인 본원통화의 영구적이고 비가역적인 증가다. 이런 극단적 생각이 나타난 것은 이자율을 아무리 낮추어도 (심지어 제로 금리 제약 상황에서는 이자율을 낮출 수도 없다) 민간은행이 가계와 기업에 대출을 늘리지 않았기 때문이다.

이노우에는 민간은행이 가계와 기업에 돈을 빌려주지 않는 것이 아니라, 가계와 기업에 대출 수요가 없어서 민간은행이 돈을 못 빌려주는 것이라고 설명한다. 원래 부분 지급준비제도는 민간은행이 이자 수익을 올리려 지나치게 돈을 많이 빌려줄 것을 걱정해 만든 제도다. 법정지급준비율을 올리면 대출이 억제되면서 시중 통화량이 줄어들고, 법정지급준비율을 낮추면 대출이 늘어나면서 시중 통화량이 늘어난다. 그런데 이것은 플러스 금리 경제일 때의 상황이다. 제로 금리 경제의 비정상상태에서 민간은행은 법정지급준비율보다 더 높은 상태로 지급준비금을 갖고 있어, 법정지급준비율을 낮추어도 대출을 일으키는 유인이 못 된다. 이 상태에서는 밀턴 프리드먼이 말한 것처럼 정부가 본원통화를 더 찍어야 하는데, 이 본원통화가 민간은행을 통해서 유통되지 않는다. 따라서 직접 시중에 뿌리는 헬리콥터 머니가 필요하다. 실제로 2000년 이후 헬리콥터로 뿌리지는 않았지만 기본적으로는 비슷한 일을 중앙은행이 하고 있었다.

이노우에가 말하는 재정 파이낸스는 재정정책과 통화정책이 결합한 것을 말한다. 전통적 통화정책은 정부가 발행한 국채를 민간은행이 매입하고, 중앙은행이 민간은행이 가진 국채를 매입한다. 국채가 이동하는 방향과 반대로 돈이 이동하므로, 본원통화가 늘어난다. 이렇게 늘어난 본원통화가 민간은행으로 들어가서 시중 통화량이 늘어나면, 이자율이 낮아지면서 기업과 가계 대출로 이어진다. 투자와 소비가 늘어나 경기가 살아나는 구조다.

그런데 가계와 기업 등 민간이 대출을 하지 않아버리면 돈은 그대로 잠긴다. '제로 금리 제약' 상황이다. 이제 정부가 다시 국채를 더 발행해서 이 돈을 회수할 수밖에 없다. 그러면 중앙은행은 이 국채를 또 매입하게 된다. 그럼에도 어쨌건 정부가 국채를 발행했으니 돈을 얻게 된다. 이 돈을 정부 재정지출 재원으로 사용하지만, 이 규모를 늘려도 이자율은 상승하지 않는다. 이것도 제로 금리 제약 상황이다. 뾰족한 방법이 없으니 밀턴 프리드먼은 이럴 바에 헬리콥터를 타고 올라가 하늘에서 돈을 뿌리자고 한 것이다. 중요한 것은 '재정지출의 방식'이 아니라 '재정지출을 확대한다는 사실'이기 때문이다.

이노우에는 여기서 한걸음 더 나간다. 중앙은행이 국채를 계속 매입해서 본원통화량을 늘리는 상황에서 정부는 계속 국채를 발행해 민간은행에 파는데, 왜 굳이 그렇게 어렵게 돌아가냐는 것이다. 정부가 국채를 발행해서 중앙은행에 직접 팔 수도 있지 않을까? 그러면 중앙은행은 민간은행을 거치지 않고 정부 발행 국채를 사고, 대신 중앙은행이 찍은 화폐를 정부에 주어 재정정책을 하게 하면 되는 것이다. 그리고 다시 한걸음만 더 나가면 사회신용이 된다. 중앙은행도 빼고 정부가 직접 통화를 찍어내는 것이다.

사회신용론까지는 하나의 아이디어에 불과했지만, 현대화폐이론은 케인스의 신용화폐론을 발전시켜 비슷한 결론에 도달한다. 이노우에 역시 실제로 벌어진 양적완화정책으로부터 결국 같은 결론에 도달했다.

이제 '화폐란 무엇인가?'라는 원론적 질문이 나올 때가 되었다. 현대화폐이론에서 강조하는 화폐의 기원은 전 근대 시기 지배자가 발행한 화폐다. 현대적인 은행제도가 없는 상태에서, 지배권력의 강제통용력으로 화폐가 발행되고 유통되었다. 지배권력이 신용을 부여한 것이다. 즉 화폐의 본질은 그 사회가 구매력으로 인정하는 신뢰받는 메커니즘에 있다고 볼 수 있다. 현대사회에서는 은행제도가 신용을 보증할 뿐이다. 만약 정부화폐를 만들어 낸다면, 정부의 공권력이 유통을 보증하는 절차가 꼭 필요하다. 그러므로 오늘날 화폐는 은행신용과 정부신용이 결합된 제도라고 볼 수 있을 것이다.

이렇게 보면 정부는 화폐 발행에 이미 어느 정도의 지분이 있다. 그러니 중앙은행뿐 아니라 기획재정부도 화폐를 찍을 수 있으며, 그 과정이 절차상 복잡하여 비효율적이라면 중앙은행이 국채를 직접 매입하는 것도 부분적으로 고려할 수 있다는 것이 이노우에의 생각이다.

책의 마지막에서 저자는 기본소득까지의 경로를 이야기하고 있다. 그러나 기본소득으로 넘어가는 것이 필수는 아니다. 기본소득에 대해서는 재원을 어떻게 마련할 것인지에 대한 논쟁이 있다. 전통적으로는 조세, 세금을 걷어서 기본소득 재원을 만들자고 한다. 이미 조세부담율이 30~40% 정도인 선진 자본주의 국가에서는, 조세가 기본소득 재원으로 활용할 수 있는 가장 현실적인 방법일 수 있다. 그러나 어느 나라 누구든 세금을 내기 좋아하는 사람은 없다. 조세저항은 선진 자본주의 국가라도 해도 완전히 해결을 본 문제가 아니다.

그런데 화폐에 대한 새로운 관점에서 보자면 화폐는 조세저항을 피하는 효과적인 세금원이라 할 수 있다. 통화발행 주조차익(Seigniorage)을 기본소득 재원으로 사용했을 때 직접세, 간접세와 비교하면 매우 역진적이다. 게다가 만약 제로 금리 제약과 같은 조건에서 화폐발행이 인플레이션을 유발하지 않는다면? 기본소득 재원으로서의 화폐발행으로 소비가 늘어 경제가 활성화된다면? 경제성장에도 기여하고, 소득재분배에도 기여하는 꿩먹고 알먹기가 아닐까?

---

* 이 글은 『녹색평론』 통권 제167호(2019년 7-8월) 62~71쪽에 실린 역자 서평을 편집한 것이다.

이론모델

새 케인스 학파 DGE(동학적 일반균형)모델에서 일정율의 기술진보와 화폐성장을 도입한 모델을 전개한다. 이 모델은 Tsuzuki and Inoue 2010 및 Inoue and Tsuzuki 2011을 단순화한 것이다. 자본스톡은 존재하지 않고 노동으로만 생산이 이루어진다. 가격은 신축적이며 명목임금만이 경직적(점착적)이다. 경직성은 장기적으로도 잔존한다.

생산함수가 선형이므로 실질임금율은 항상 일정하다. 따라서 이 모델에서는 실질임금율의 변화로 산출 갭이 조정되는 것은 아니라는 점에 주의하기 바란다.

기업

기업은 이질적인 노동력을 딕시트=스티글리츠 형의 함수에 따라 집계하고 소비재를 생산한다.[Dixit and Stiglitz 1977, Blanchard and Kiyotaki 1987] 소비재 공급량 y은

$$y(=h) = [\int_0^1 h_i^{\frac{\phi-1}{\phi}} d_i]^{\frac{\phi}{\phi-1}} \quad (1)$$

에 의해 주어진다.

ϕ는 이질적인 노동력 사이의 대체 탄력성을 나타내는 파라미터이며, $\phi > 1$로 한다. $h_i(\equiv zl_i)$은 이질적인 노동력 i의 효율 노동단위의 수량이다. l_i는 가계 i의 고용량(노동량)이다.

z는 노동자의 기술 수준이며, 외생적인 기술진보율 g로 증가한다. 즉 $\frac{\dot{z}}{z} = g$이다. h는 집계적인 노동력이다. 식 (1)은 소비재를 1단위 만드는 데 집계적인 노동력 1단위가 필요함을 보여준다. W_i는 가계 i에 의해 설정되는 이질적인 노동력 i의 명목임금율이다. 기업이 그 비용을 최소화할 때, $h_i = (\frac{W_i}{W})^{-\phi} h$이 성립한다.

단 W는 $W=[\int_0^1 W_i^{1-\phi}d_i]^{\frac{1}{1-\phi}}$이다. 기업이 완전경쟁시장에 놓여 있고, 그 이윤이 0이라고 가정하면, 소비재의 판매 가격 p는 $p=W$가 된다.

가계

가계 i는 매분기 소비 c_i와 실질화폐잔고 m_i로부터 효용을 얻고, 고용(노동) l_i로부터는 비효용을 얻는다. 또 가계는 자산으로 화폐와 국채를 가진다. 국채는 이미 발행된 것만이 시장에서 거래되는 것으로 한다. 가계 i는 다음과 같은 동학적 최적화 문제에 직면한다.

$$\max_{c_i,m_i,w_i}\int_0^\infty [\ln c_i + \ln m_i - \frac{l_i^{1+\psi}}{1+\psi} - \frac{\gamma}{2}w_i^2]e^{-\rho t}dt$$

subject to $\dot{a_i}=ra_i+w_ih_i-c_i-Rm_i, \ \dot{W_i}=w_iW_i$

$$h_i=(\frac{W_i}{W})^{-\phi}h_i, \ h_i=zl_i$$

$\psi(>0)$은 노동의 한계비효용 탄력성을 나타내는

파라미터다. w_i는 명목임금율 W_i의 변화율 $\dfrac{\dot{W_i}}{W_i}$이다. $\dfrac{\gamma}{2}w_i^2$은 명목임금율을 변경함에 따르는 조정비용을 나타내고 있다.[Rotemberg 1982]

γ는 조정비용의 크기를 나타내는 파라미터며, $\gamma \to 0$이라면 명목임금율은 신축적이며 $\gamma > 0$이면 경직적이다. $\rho(>0)$은 가계의 주관적 할인율이다.

a_i는 실질자산잔고, R는 국채의 명목이자율, $r(\equiv R-\pi)$은 실질이자율, $\pi(\equiv \dfrac{\dot{p}}{p})$는 물가상승율, $w_i(\equiv \dfrac{W_i}{p})$는 이질적인 노동력 i의 실질임금율이다. Rm_i는 화폐를 가지는 기회비용을 나타낸다. 이 동학적 최적화 문제를 풀면,

$$\frac{\dot{c}}{c}+\rho+\pi = R = \frac{c}{m} \tag{2}$$

$$\frac{\dot{w}}{w} = \rho + [(\phi-1)\frac{h}{c} - \phi l^{1+\psi}]\frac{1}{\gamma w} \tag{3}$$

을 얻을 수 있다.

단

$c_i = c$, $m_i = m$, $l_i = l$, $w_i = w$, $a_i = a$, $h_i = h$
로 치환한다. 이들 i가 붙지 않은 변수들은 모든 가계에서 동일한 소비량 및 화폐잔고 등을 나타낸다. 모든 가계가 같은 행동방정식을 따르기 때문에 사후적으로 이와 같은 치환이 가능하다. 식 (2)는 케인스=램지 규칙이며, 식 (3)은 임금판 새 케인스 학파 필립스 곡선을 나타낸다.

미분방정식계와 정상상태

화폐량 M은 중앙은행에서 일정한 비율 $\theta(>0)$로 증가시키는 것으로 한다. 즉 $\frac{\dot{M}}{M} = \theta$이다. 소비재의 시장청산조건 $c = y$ 및 $w = \pi$를 고려하면, 다음과 같은 미분방정식을 얻는다.

$$\frac{\dot{R}}{R} = R - \rho - \theta, \quad \frac{\dot{\pi}}{\pi} = \rho + [\alpha - l^{1+\psi}]\frac{\phi}{\gamma\pi},$$

$$\frac{\dot{l}}{l} = R - \rho - \pi - g$$

단, $\alpha \equiv \dfrac{\phi-1}{\phi}$ 이다.

이 미분방정식의 자명하지 않은 정상치는

$$R^* = \rho + \theta, \ \pi^* = \theta - g, \ l^* = \left(\frac{\rho\gamma\pi^*}{\phi} + \alpha\right)^{\frac{1}{1+\psi}} \quad (4)$$

이 된다. 단, *가 첨부된 변수는 정상치를 나타내고 있다.

식 (4)에서 다음이 이해된다. 정상상태에서의 이자율 R^*은 주관적 할인율 ρ과 화폐성장률 θ의 합이다. 물가상승률 π^*는 화폐성장률 θ와 기술진보율 g의 차이다. 고용량 l^*는 물가상승률 π^*가 높을수록 커진다.

자연고용수준, 즉 명목임금율이 신축적인 경제 ($\gamma \to 0$)의 고용수준 l_n은 $l_n = \alpha^{\frac{1}{1+\psi}}$이다. 이는 명목임금율이 점착적인 경제라도 $\pi^*(=\theta-g)=0$일 때 달성된다. 또한 자연산출수준 y_n은 $y_n \equiv zl_n$으로 정의된다.

이들 분석결과로부터 (1) 화폐성장률과 기술진보율 격차가 정상상태의 물가상승율이며, (2) 화폐성장률과 기술진보율 차이에 따라 정상상태에서의 고용 갭(산출 갭)이 발생한다고 말할 수 있다.

주석

역자 주석

1   거품경제 시기 여성의 옷차림 가운데 하나. body와 conscious를 합친 일본식 조어로, 여성의 몸매를 부각하는 패션이다.
2   일본 에도 시대, 17세기 후반부터 18세기 초반까지에 걸친 문화. 17세기 중기 이후 일본에서는 농촌의 상품작물 생산이 늘었는데, 이를 바탕으로 산업이 발전하고 경제 활동이 활발해졌다. 이 시기 문예, 학문, 예술 분야도 발전했다. 특히 경제력을 얻게 된 도시민(읍민)들은 도시 생활을 배경으로 뛰어난 작품들을 탄생시켰다.
3   Joan Sweeney and Richard James Sweeney(1977), Monetary Theory and the Great Capitol Hill Baby Sitting Co-op Crisis: Comment, *Journal of Money, Credit and Banking*, Vol. 9, No. 1, Part 1 (Feb., 1977), pp. 86-89. 이 이야기는 폴 크루그먼, 『불황의 경제학』, 26-31쪽(2009. 세종서적)에서 소개되었다.
4   FSA(financial services authority)는 한국의 금융감독원에 해당하는 영국의 기관이다. 터너의 책은 『부채의 늪과 악마의 유혹 사이에서』(2017, 우리금융경영연구소 옮김, 해남)라는 제목으로 한국에 번역되었다.
5   미시시피 계획(Compagnie du Mississippi)이라고도 한다. 18세기 초반 북아메리카에 식민지를 건설한 프랑스는 미시시피 강 주변 개발 무역 계획을 세운다. 회사의 실적이 매우 나빴지만 미시시피 회사가 발행한 주가는 발행 가격의 40배까지 폭등했다. 프랑스의 미시시피 계획은 네덜란드의 튤립 거품, 영국의 남해

거품 사건과 함께 근대 유럽의 3대 거품경제로 꼽힌다.
6 프랑스 혁명기의 토지 채권. 1789-1796년 사이 파산한 프랑스 재정을 구하기 위하여 몰수하여 국유화한 교회 재산인 토지를 담보로 발행되었고, 발행된 후에 지폐화되었다.
7 에이브러햄 링컨 대통령 지시로 미국 남북전쟁 비용을 마련하기 위해서 민간은행이나 연방준비제도가 아니라 미국 정부가 찍어낸 달러 화폐. 그린백이라는 이름은 뒷면이 녹색이었기 때문에 붙여진 이름이다.
8 1844년에 당시 수상이었던 로버트 필(Rebert Peel) 경에 의하여 제정된 조례로 잉글랜드 은행의 은행권 발행을 규정한 것이다. 이 조례는 공황의 원인을 은행권의 과잉 발행에서 찾고 그 발행을 금의 유출입에 비례하여 조절하면 된다는 통화주의적인 사고방식에 따르고 있다.
9 일본 대장성 국제금융국장, 재무관을 지닌 경제분석가. 언론과 외환 관계자들 사이에서 'Mr. 엔'이라는 별명으로 불릴 정도로 외환시장에 큰 영향력을 행사했다. 1997년 말 아시아 금융 위기에 대처하는 미국과 IMF의 시장근본주의를 비판하며 아시아통화기금(AMF)을 제안하기도 했다.

저자 주석

10 밀턴 프리드먼이 말한 화폐환상(착각)과 대니얼 카너먼 등이 제시한 화폐환상(착각)은 다른 것이다.
11 새 케인스 학파가 수없이 참조하고 있는 Calvo(1983)은 정상상태에서 명목경직성이 잔존하는 모델을 전개하고 있는데, 이 모델의 정상상태에서 수요부족은 해소된다.
12 Akerlof, et al. (1996)이 비슷한 모양의 그래프를 제시하고 있다.
13 화폐수량설이 의지하는 것은 피셔의 교환방정식 $MV=PT$다. V는 화폐유통속도이기 때문에 M은 유통되고 있는 화폐여야만

이치에 합당하다. 유통되고 있는 화폐란 통화량이다. 그리고 P는 물가고 T는 거래량이다.

14 경제학자는 모델을 만들 때 단순화하여 금리를 한 종류로 간주한다. 그러한 단순화를 피하기는 어렵지만 제로 금리와 같은 민감한 현실을 취급할 때는, 현실과 단순화된 모델 간의 차이에 세심한 주의를 기울여야 한다.

15 45도 기울기 모델과 IS-LM 모델의 균형에서는 투자와 저축이 동일하게 되어 있다. 그러나 그 균형에서 일반적으로 GDP 갭은 제로가 아니다.

16 기대물가 상승률에 대해, 특히 까다롭지 않는 경우는 기대된 정도가 실현된 것이라 생각해서 '기대'라는 말을 생략한다.

17 '금리의 하한을 제로로 해야 하는데 지금은 마이너스 금리가 아닌가?'라고 생각할지 모르나, 앞에 설명했듯이 가계를 포함한 은행 이외의 민간 경제주체에게 금리는 제로가 될 수 없다. 하지만 모델은 억지로 제로로 만들어 현실감이 없는 허상을 보여준다. 그래서 은행용 금리와 다른 경제주체용 금리 두 종류를 구별해서 모델에 투입하면 쓸데없이 복잡해진다. 은행용 금리에 대해서는 모델 상에서 제로가 아니어도 하한이 있다는 주장만으로도 충분히 문제의 핵심에 다가선 것이다. 이 때문에 금리 종류를 하나로 하고, 제로기 아닌 하한을 설정한 것이다.

18 $\theta_d = R_0 - \rho$가 된다. θ_d는 통화량의 증가율, R_0는 제로 금리 하한의 이자율, ρ는 주관적 할인율.

19 일본은행 홈페이지에는 "일본은행의 이익 대부분이 은행권(일본은행에게는 무이자의 부채)의 발행과 그에 대한 대가로 보유하는, 이자가 붙는 자산(국채, 대출금 등)에서 발생하는 이자 수입이며, 이러한 이익은 통화 발행액이라 불립니다."라고 쓰여 있다. 이것은 1만 엔 지폐 가운데 9,980엔을 화폐발행이익으로 여기는 생각과 달라 보이지만, 액수를 비교해보면 같다.

참고문헌

Akerlof, G. A. and W. T. Dickens and G. L. Perry and R. J. Gordon and N. G.Mankiw (1996) "The Macroeconomics of Low Inflation," *Brookings Papers on Economic Activity*, 1996, pp. 1-76.

Benhabib, J., S. Schmitt-Grohe and M. Uribe (2001) "The Perils of Taylor Rules," *Journal of Economic Theory*, 96, pp. 40-69.

Benigno, P. and L. A. Ricci (2008) "The Inflation Unemployment Trade-Off at Low Inflation," *NBER Working Paper*, No.13986.

Bernanke, B. S. (2002) "Deflation: Making Sure "It" Doesn't Happen Here". (高橋洋一訳『リフレと金融政策』所収, 日本経済新聞社, 2004)

Blanchard, O. (1990) "Why Does Money Affect Output? A Survey," in Friedman, M., Benjamin, M. and Hahn, F.H. editors, *Handbook of Monetary Economics*, 2, North Holland, pp. 779-835.

Blanchard, O. J. and N. Kiyotaki (1987) "Monopolistic Competition and the Effects of Aggregate Demand," *American Economic Review*, 77, pp. 647-666.

Calvo, G. A. (1983) "Staggered Prices in a Utility-Maximizing Framework," *Journal of Monetary Economics*, 12, pp. 383-398.

Day, J. (1978) "The Great Bullion Famine of the Fifteenth Century," *Past and Present*, 79 (1), pp. 3-54.

Davidson, P. (1994) *Post Keynesian Macroeconomic Theory*, E. Elgar.

(渡辺良夫・小山庄三訳『ポスト・ケインズ派のマクロ経済学』多賀出版, 1997)

Dixit, A. K. and J. E. Stiglitz (1977) "Monopolistic Competition and Optimum Product Diversity," *American Economic Review*, 67, 3, pp. 297-308.

Friedman, M. (1969) *The Optimum Quantity of Money and Other Essays*, Aldine Publishing Company.

Friedman, M. (1977) *Inflation and Unemployment: The New Dimension of Politics*, London: Institute of Economic Affairs. (坂直達訳『インフレーションと失業』マグロウヒル好学社, 1978)

Goethe, J. W. (1831) *Faust, der Tragodie zweyter Theil*. (池内紀訳『ファウスト第二部』集英社文庫, 2004)

Huber, J. and J. Robertson (2000) *Creating New Money: A Monetary Reform for the Information Age*, New Economics Foundation. (石見尚・高安健一訳『新しい貨幣の創造－市民のための金融改革』日本経済評論社, 2001)

Inoue, T. and E. Tsuzuki (2011) "A New Keynesian Model with Technological Change," *Economics Letters*, 110 (3), pp. 206-208.

Kahneman, D. and J. L. Knetsch and R. Thaler (1986) "Fairness as a Constraint on Profit Seeking: Entitlements in the Market" *American Economic Review*, 76 (4), pp. 728-741.

Keynes, J. M. (1936) *The General Theory of Employment, Interest and Money*, Macmillan Press. (間宮陽介訳『雇用, 利子および貨幣の一般理論』岩波文庫, 上下, 2008)

Krugman, P. (1998) "It's Baaack: Japan's Slump and the Return of the Liquidity Trap," *Brookings Papers on Economic Activity*, 2, pp. 137-187. (山形浩生訳『クルーグマン教授の〈ニッポン〉経済入門』春秋社, 2003)

Mankiw, N. G. (1992) "The Reincarnation of Keynesian Economics," *European Economic Review*, 36, pp. 559-565.

Mankiw, N. G. and D. Romer (ed.) (1991) *New Keynesian Economics*, MIT Press.

McCallum, Bennett-T (2004) "Long-Run Monetary Neutrality and Contemporary Policy Analysis: Keynote Speech," *Monetary and Economic Studies, Institute for Monetary and Economic Studies*, Bank of Japan, vol. 22(S1), pp. 15-28, December. (マッカラム、ベネット T. 「貨幣の長期中立性と現代の政策分析」『金融研究』第23巻第4号, 2004)

Pigou, A. C. (1943) "The Classical Stationary State," *Economic Journal*, 53, 212, pp. 343-351.

Pigou, A. C. (1947) "Economic Progress in a Stable Environment," *Economica*, 14, 55, pp. 180-188.

Rotemberg, J. J. (1982) "Sticky Prices in the United States," *Journal of Political Economy*, 90 (6), pp. 1187-1211.

Shinagawa, S. and T. Inoue (2016) "R&D-based Growth Model with Nominal Wage Stickiness," *Theoretical Economics Letters*, 6, 5, pp. 854-867.

Tsuzuki, E. and T. Inoue (2010) "Policy Trade-off in the Long Run: A New Keynesian Model with Technological Change and Money Growth," *Economic Modelling*, 27, 5, pp. 934-950.

井上智洋・品川俊介・都築栄司 (2011)
「長期デフレ不況の理論モデル：
ゼロ金利制約・テイラールール・産出ギャップ」G-COE GLOPE II Working Paper Series, 48, pp. 1-16.

井上智洋・品川俊介・都築栄司・上浦基 (2014)

「ゼロ金利下で量的緩和政策は有効か?
ニューケインジアンDGEモデルによる「信用創造の罠」の分析」
早稲田大学現代政治経済研究所 Working Paper Series,
No.J1403, pp. 1-24.

板倉譲治 (1995)『私の金融論』慶應通信.

岩井克人 (2006)『二十一世紀の資本主義論』ちくま学芸文庫.

岩本康志 (2004)「'デフレの罠'
脱却のための金融財政政策のシナリオ』『金融研究』
日本銀行金融研究所.

岸本美緒 (1997)『清代中国の物価と経済変動』研文出版.

中川辰洋 (2011)『ジョン・ローの虚像と実像』日本経済評論社.

野口旭 (2015)『世界は危機を克服する – ケインズ主義2.0』
東洋経済新報社.

原田泰 (2014)『日本を救ったリフレ派経済学』
日本経済新聞出版社.

湯浅赳男 (1988)『文明の「血液」: 貨幣から見た世界史』新評論.

吉田博之 (2000)「貨幣経済における動学的特性:
流動性の罠と有効需要」『名古屋学院大学論集, 社会科学篇』
第37巻 第1号, 101-111ページ.

吉田博之 (2003)『景気循環の理論』名古屋大学出版会.

若田部昌澄 (2015)『ネオアベノミクスの論点』PHP新書.